プロカウンセラーが教える対人支援術

心理・医療・福祉のための実践メソッド
Counseling Skills for Professional Helping

大谷 彰
Akira Otani

金剛出版

プロカウンセラーが教える対人支援術

心理・医療・福祉のための実践メソッド

Counseling Skills for Professional Helping

献　辞

　本書を，40年にわたり専門知識，友情，慈愛を分かち合いお恵みくださった恩師Phil Comer博士とMarion（Mun）Kostka博士に，感謝の意を込めて謙虚に捧げる。大樹の梢を仰ぎつつ。

Dedication

　This book is humbly and gratefully dedicated to Phil Comer, Ph.D. and Marion（Mun）Kostka, Ed.D., my beloved mentors, who have shared without fail their expertise, friendship and love with me over the last 40 years. On their broad shoulders I stand. Thank you.

筆者，Phil Comer博士，
Mun Kosta博士（1984）

筆者，Phil Comer博士，
Mun Kosta博士（2017）

出版によせて

　本書の姉妹編である『カウンセリングテクニック入門』（二瓶社）を上梓してから，すでに15年の歳月が経った。当時の執筆のきっかけは日本企業で対人支援スキル [1] を教えることになり，米国の臨床心理学やカウンセリングの大学院プログラムで一般的に活用されているトレーニングを日本に導入したいと考えたからであった。タイトルの「入門」という言葉が示すように，クライアントとの関係構築，抵抗処理，問題定義，目標設定といった基礎スキルを解説したもので，理論的にはジェラード・イーガン（Gerard Egan）のモデルを踏襲している。これはカウンセリングの進行プロセスによって基本スキルを特定し，それを段階的に習得するアプローチであり（Cormier, Nurius, & Osborn, 2016 ; Egan, 2013），当時すでに紹介されていたマイクロカウンセリングと同様，支援者がクライアントへの返答を意図的に選択して応答することが特徴になっている（福原，2007）。支援スキルを体系的に把握し，反復練習によって習得する――これが上達の秘訣であり，前著に引き続き本

---

[1] 支援が広範囲に及ぶ行為であることから，本書では「カウンセリング」と「対人支援」「支援」，「セラピスト」と「支援者」，および「スキル」「技術」「アプローチ」を同義で用いる。さらに特に指摘がない場合は，「スキル訓練」「技術訓練」はカウンセリングもしくは対人支援を意味する。

書でも追求したメインテーマである。

　巷のカウンセリング研修などでは，「クライアントの言葉を傾聴して，こころに浮かんだ反応を率直に述べなさい」などといった〈アドバイス〉をよく耳にするが，これは本末転倒の無干渉（laissez-faire）主義である。一方，これと対峙するように「支援スキルは教えられるものではなく，試行錯誤を繰り返しながら独り追求するべき道である」といった根性論も囁かれる。支援スキルの訓練にはこうした誤認や浅見が少なからず見られ，これらはその典型である（第10章／pp.192-193）。このような愚見を決して真に受けてはならない。それが実践できるのは相当のベテランであり，むしろこれをできるようにするのが研修本来の目的である。対人支援はスキルであり，運転やスポーツと同様，反復練習によって上達する。支援においては特定の目的に適った発言を意図的に選択してクライアントに応える。これが支援の鉄則であり，そのためにも幅広い対人支援スキルの習得が求められる。

　スキルの習得にあたっては，まず本書で論じていく基礎スキルが自由自在に使えるようになるまで訓練を重ねることである。これが完了したら，次に特定の臨床理論（例：認知行動療法，力動的心理療法，ブリーフセラピーなど），そして自らの専門領域（例：医療，福祉，心理など）で活用される技法に進むことが望ましい。この過程を踏まず，最初から限られた特定の臨床理論や障害治療の技法のみに専念することは無謀である（岡本・角藤，2017）。基本スキルを等閑にし，支援スキルのレパートリーが限られた支援者は，自らが信奉する技法に反応しないクライアントに対して困惑し，最悪の場合には「抵抗」と呼んでクライアン

トを責めることになってしまう。第1章で引用するヒューマニスティック心理学者アブラハム・マズロー（Abraham Maslow）の「金槌しか持たない輩には，全てが釘のように見える（[I] f the only tool you have is a hammer,（you tend）to treat everything as if it were a nail)」という金言は，これを戒めているのである。

　本書では支援スキルを目的・用途に応じて分類し解説した。第1章から第5章までの基礎編では，傾聴スキル，感化スキル，問題定義，目標設定に焦点を当てている。とはいえ，これらのスキルについてはすでに前著で詳述したので，要点をまとめるのみにし，新しい方法論（例：ミラクル・クエスチョン，準備レベルなど）を補塡した。続く第6章から第9章は実践編とし，対人関係のアセスメント，指示の与え方，情動調整，自我強化という，これまで（少なくとも日本のテキストでは）あまり論じられてこなかったスキルを紹介した。いずれも実用的で実践に役立つスキルとなるだろう。最終章の第10章では筆者が日頃戒めとしている8箇条の覚え書きをまとめた。

　スキルの解説にあたってはエビデンスを重視した。インターネットが普及した今日，「画期的」「効果抜群」などを謳い文句にしたアプローチが散見されるが，いわゆる通俗心理学（pop psychology）の類に属するものも少なくない。本書で述べた各々のスキルについてどのような事実が判明しているのか，こうしたエビデンスを論じることは支援スキルの理解に不可欠であり，本書に記した情報が読者にとって有益であろう。

　本書の執筆に際しては，The Johns Hopkins Universityおよび The University of Maryland at College Park のデジタル

図書館の論文と資料が大いに役立った。広範囲にわたり，しかも入手困難な古書や稀覯学術誌にアクセスできることは，エビデンス検証に不可欠である。またケースとして取り上げた多くのクライアントたちのことも忘れてはならない。日米の隔たりがあるとはいえ，米国心理学会（American Psychological Association：APA）の倫理要綱に従い守秘と匿名を厳守した。筆者を信頼し，"支援とは何か"を筆者に教えてくれたクライアントの一人ひとりに深く感謝したい。また本書タイトルの選定に際しては，兵庫県西宮市の医療法人明和病院看護主任・中島淳美氏の見識が参考になった。この場を借りて改めて謝意を表明したい。

　最後になるが，今回も本書の執筆アイデアに賛同し，編集を手がけてくれた金剛出版の藤井裕二氏に心より御礼申し上げる。藤井氏とは蔵書収集を通じての朋友であるばかりでなく，著作，翻訳，その他の投稿論文などを含めると，かれこれ10回以上の執筆を通じてお世話になっている。氏の卓越した編集能力と技術があって本書も刊行に至ったことを銘記しておく。

　本書で論じたカウンセリング技法の目的と用途をしっかりと理解し，意図的な訓練の継続，そして有能なスーパーヴァイザーからのフィードバックによって，読者諸氏の支援スキルが向上することを願ってやまない。

2018年12月好日
Silver Spring, Maryland の矮屋にて

大谷 彰

目　次

献　辞 …… 3　　　出版によせて …… 5

第I部　基礎編

第1章　対人支援スキルを定義する …… 15
7つの周辺要素

対人支援スキルの定義 …… 15

対人支援スキルの種類と周辺要素 …… 16

まとめ …… 26

第2章　支援関係を構築する …… 31
傾聴スキル

傾聴スキルの概念と種類 …… 32

関係構築の6つのヒューリスティック …… 37

まとめ …… 49

第3章　支援関係を促進させる …… 53
感化スキル／非定型スキル

感化スキル …… 54

非定型スキル……62

まとめ……68

第4章　クライアントの問題を定義する……71
見立てのスキル

見立て……72

簡易Ａ－Ｂ－Ｃモデル……74

まとめ……84

第5章　支援目標を設定する……87
疾病利得／準備レベルのアセスメント

支援目標の設定……88

疾病利得（セカンダリーゲイン）……96

準備レベル……99

まとめ……105

第**II**部 実践編

第6章　対人関係を評価する……109
3種類の対人関係アセスメントスキル

対人関係のアセスメントの定義……109

基本的対人態度……110

対人円環モデル……113

社会行動構造分析（SASB）……117

まとめ……131

第7章	指示を与える …… 137
	直接指示・間接指示・メタファー

指示の定義 …… 138

直接指示 …… 141

間接指示 …… 145

メタファー …… 150

まとめ …… 156

第8章	不快な感情を緩和する …… 159
	情動調整

情動（emotion）の定義 …… 159

情動調整の定義とスキル …… 160

まとめ …… 172

第9章	健全な自己イメージを確立する …… 175
	自我強化スキル

自我強化の定義と背景 …… 175

自我強化のスキル …… 179

まとめ …… 188

第10章	プロカウンセラーが教える対人支援術 …… 191
	私家版覚え書き8箇条

①第1条——つねに練習を心がける …… 192

②第2条——幅広い知識と教養を身につける …… 194

③第3条——想定外の反応に備える …… 195

④第4条——職業倫理を遵守する …… 196

⑤第5条——支援プロセスは詳細かつ具体的に記録する …… 197

⑥第6条──優れた指導者を見つける ……199

⑦第7条──人生と人についての知見を深める ……200

⑧第8条──自己の人間性を高める ……201

まとめ ……202

あとがき ……205　　参考文献 ……207

索　引 ……225　　著者略歴 ……231

第 I 部
基礎編

第1章

対人支援スキルを定義する
7つの周辺要素

本章で取り上げるメインテーマ

1．対人支援スキルの定義
2．対人支援スキルの種類と周辺要素
　①意図的応答の重要性
　②言葉と人間性の違い
　③〈チャート式〉アプローチの弊害
　④支援者とクライアントとのアライアンス
　⑤社会影響力について
　⑥支援者とクライアントに見られるメタコミュニケーション

対人支援スキルの定義

　対人支援スキル（interpersonal helping skills ／以下，〈支援スキル〉とも呼ぶ）を論じるにあたり，この言葉の分析と定義から始めることにしたい。まず〈対人（interpersonal）〉とは通常「他人に対すること」（『三省堂新明解国語辞典［第七版］』（山田，2013, p.900））とされるが，臨床心理学や社会福祉などでは，支援を施す人物（支援者）とそれを受ける人物（クライアント）との間に構築される人間関係を指す。次の〈支援（helping）〉は「専門的な

コンテクストで実践される」というニュアンスを含んでおり，友人や先輩からのアドバイスとは異なる。最後の〈スキル（skills）〉は「反復練習の結果として習得した技術・技能」のことで，英語のコンピテンシー（competency）[1]すなわち運用能力に相当する。箸の使い方から車の運転，楽器演奏，スポーツ，果ては複雑な外科手術まで，我々が身につけるすべてのスキルは絶え間ない練習の賜物であり，対人支援スキルも一定時間の意図的訓練なしに上達はありえない。要するに，**対人関係の枠組みを利用して，クライアントを専門的に援助するための運用能力を**，対人支援スキルと呼ぶのである。

対人支援スキルの種類と周辺要素

①対人支援スキルの種類

　対人支援スキルは多岐にわたり，その特徴によって分類されている。手元にある米国大学院レベルの標準テキストを開くと，次のように分類されている（Cormier, Nurius, & Osborn, 2016）[2]。（1）関係構築スキル，（2）見立て／問題定義スキル，（3）目標設定スキル，（4）効果判定スキル，の4種類である。これはもちろん一例に過ぎないが，参考までに各々のカテゴリーについて解説しておこう。

　（1）関係構築スキルは〈傾聴スキル〉とも呼ばれ，明確化，言い換え，感情反映，要約の4種類から構成される。これらについては本書の姉妹編『カウンセリングテクニック入門』（大谷，2004-a，第3章）で詳述したように，支援者とクライアントとの関係構築はどのような場面においても重視され，これら4つのスキルによって確立される共感や思いやりなどは共通要素（common factors）とも呼ばれる（Wampold, 2015）。関係構築なしに支援はありえない。詳細は本書第2章で解説する。

　（2）見立て／問題定義スキルは，傾聴スキルの延長線上に位置する〈感化スキル〉[3]（大谷，2004-a，第4章）のことで，探索，矛盾提示，解釈，情

報提供の4種類から構成される。クライアントが抱える問題を見立て，定義するスキルであり，概要は本書第3章および第4章で解説する。本書ではこれら以外に，支援に対する〈準備レベル（readiness）〉（Prochaska, & Velicer, 1997）（第5章）および社会行動構造分析（Social Analysis of Social Behavior：SASB）のスキルを新たに加えた（Benjamin, 1996）（第6章）。

　（3）目標設定は，支援の目標を設定するスキルである。最近では「セラピー産業（the therapy industry）」（Moloney, 2013）などという言葉が囁かれ，巷には「〜療法」「〜セラピー」などと〈効能〉を銘打ったアプローチが溢れている。しかし実情は玉石混淆であり，医学や心理領域において実証成果（エビデンス）が重視されるようになったのも，こうした背景を踏まえている。心理療法の実証成果を総括した決定版として名高い *Bergin and Garfield's handbook of psychotherapy and behavior change*（6ᵗʰed.）の編者マイケル・ランバート（Michael Lambert）は，混在する数多の支援アプローチを，（1）行動療法，（2）認知療法および認知行動療法，（3）力動的心理療法，（4）人間・実存主義的療法，という4種類に大別している（Lambert, 2013）。支援で活用されるアプローチの大半はこれらの理論を背景にしているとみなしてよかろう。逆にこれらの部類に属さないテクニックには要注意である。

　（4）効果判定スキルは，支援の進捗状況についてのフィードバックを求める際に活用する。支援に対するクライアントの印象や感想をクライアント自身に尋ねることは治療効果を高めるということが判明しており，支援では定期的に「この支援は役に立っていますか？」「何か不満な点はありませんか？」「大切な考えや感情などはきっちり理解されたとお感じですか？」とクライアントにチェックすることが望ましい（Howard, Moras, Brill et al., 1996；Lambert, Whipple, Vermeersch et al., 2002）。

　ここに記した分類はひとつの例に過ぎず，ほかにもさまざまなカテゴリーがあることはすでに記した通りである。本書では上記の（1）から（3）までのスキルを各章で重点的に解説するが，それに先立ち，まず支援に影響を及ぼす周辺要素について論じることにしたい。

第1章　対人支援スキルを定義する

②対人支援スキルの周辺要素

　これまでの研究から対人支援スキルはそれを取り巻く種々の要素に影響を受けることがわかっている。こうした周辺要素のうち，ここでは，以下の7項目を強調しておく。

（1）意図的応答

　対人支援で用いるスキルは**意図的応答**（*intentional responding*）でなければならない [4]。行動心理学ではこれを目的指向型返答（a goal-directed response）と呼び，具体的には，（1）クライアントの発言を的確に把握し，（2）それに基づいて意図的な応答を行うことである。支援者はつねに「今，クライアントに何を伝えたいのか？」を念頭に置いて適切なスキルを選択する。クライアントに共感したいのか，発言内容を明確にしたいのか，それともクライアントが気づかずにいる深い意味を指摘したいのか，もっと情報を得たいのかなどを判断し，これに基づいてスキルを選びクライアントに応える。これらを瞬時に行うことが意図的応答であり，支援ではこの作業を絶えず繰り返す。あらゆるスキルと同様，意図的応答の習得には絶え間ない訓練が必要である。

　意図的反応の訓練に関する具体例を記しておこう [5]。私事で恐縮であるが，筆者がはじめてウェスト・ヴァージニア大学院で支援スキル訓練を受けた折，担当教官のウィリアム・コーミエー（William Cormier）[6] 教授は，学生たちが「**意図的発言を自然と即座にできる**（*being able to make intended responses on the spot spontaneously*）」ようになるのが望ましいことを力説した [7]。セメスター（学期）における第一の訓練は，関係構築の中核とされる傾聴スキル（明確化，感情反映，言い換え，要約）である。まずスキルについての講義があり，続いて教授自らが一つひとつのスキルについてモデリング（模倣学習）のためにデモンストレーションを行う。次いで教授がクライアント役を演じ，学生たちがカウンセラーとなってグループ単位の口頭演習となる。カウンセラー役の学生たちは指名されると，教授が指示した傾聴ス

キルを使ってクライアントの発言に応答せねばならない。我々は授業外でも
この練習を行い，授業で期待通りの返答ができるようになるまで繰り返した。
このスキルを習得できると，次はこの4種類の傾聴スキルだけを用いたカウ
ンセリングのロールプレイを行う。再び教授がデモンストレーションを行い，
それにならって学生たちがペアに分かれてトライする。実際に試してみると
わかるが，これは意外と難しく，不安に駆られたり，応答に詰まったりする
と，気まぐれ発言（arbitrary response）や無用な探索（unnecessary ques-
tioning）に走ってしまう [8]。これを避け，4種類の傾聴スキルのなかからひ
とつを選び，意図的に発言できるようになるまで徹底的に訓練するのである。
そして最後はビデオ撮影のロールプレイとなり，学生一人ひとりのパフォー
マンスをクラスで討論する。これはインターパーソナル・プロセス・リコー
ル（Interpersonal Process Recall : IPR）と呼ばれるきわめて効果的なトレー
ニング法である（Kagan, Schauble, Resnikoff et al., 1969）（第10章／p.200）。
同じ教授法がその他のスキルについても用いられたことは言うまでもない。
こうした地道な指導と訓練によって，学生たちは4カ月にわたるセメスター
終了時にはスキルの意図的活用を身につけていた。短期集中型ではあるが効
率的な指導法であり，教える側が支援スキルに習熟していなければならない
ことが窺えるであろう。筆者が後にこの指導法を自らの授業と研修に取り入
れたのは，このような個人体験に基づいている。

（2）〈言葉〉と人間性

とはいえ，対人支援スキルは単なる〈言葉〉の技術のみではない。言葉は
対人関係を構築するための一手段に過ぎない。これを理解せず，ただひたす
ら〈言葉〉のスキルの習得に専念するだけでは，決して満足な対人支援はで
きない。〈言葉〉にとらわれて〈ひと〉を見失うからである。タイミングを計
り，目的に適った正確な言葉を操作・運用することによって，支援者の人間
性がクライアントに伝わり，両者の間に癒やしの関係 [9] が創造されること
によってはじめて支援が可能となるのである。支援スキルを単に言語スキル

第1章　対人支援スキルを定義する

とみなすのは曲解であり，「仏像作って魂入れず」に等しい。

　〈言葉〉に固執すると，支援スキルは公式化された返答になってしまう。つまり〈クライアントの発言（X）→支援者の返答（Y）〉という公式に従って受け答えるもので，このような公式化されたパターンを筆者は〈チャート式〉アプローチと呼んでいる [10]。俗に言う〈オウム返し〉（クライアントの発言をそのまま繰り返す）[11] や，〈類語変換〉（類語に置き換える）などが典型である。たとえば次のような応答である。

　　　クライアント：「近頃どうも**気持ちが沈む**んです」
　　　　　支援者：「**気持ちが沈む**のですね」（オウム返し）
　　　　　支援者：「**憂うつ気味**なのですね」（類語変換）

　かつて研修の参加者から，「〈オウム返し〉は共感を伝えるためのスキルですね」と尋ねられて驚いたことがあるが，これはとんでもない誤解である。公式化された返答はクライアントに共感が伝わらないばかりか，逆に「わざとらしい（phony）」[12] 印象を与えることにもなるため厳に慎むべきだろう。

(3)〈チャート式〉アプローチの弊害

　〈クライアントの発言（X）→支援者の返答（Y）〉という〈チャート式〉アプローチは，意図的応答の難しさを取り除き，支援者の不安を抑える働きをするが，効果的な対人援助にはふさわしくないと述べた。本書の「出版に寄せて」でも記した「金槌しか持たない輩には，全てが釘のように見える」[13] というアブラハム・マズロー（Abraham Maslow）の言葉は，まさに〈チャート式〉反応に対する警句と言えよう。

　〈チャート式〉アプローチに価値がないことについては，マニュアル化された心理療法（以下，マニュアル療法）のエビデンスから推測できる（Beutler, 1997）。時間制限力動的療法（Time-Limited Dynamic Psychotherapy）（Henry, Strupp, Butler et al., 1993）や認知行動療法（Cognitive-Behavior Therapy：

CBT）（Huppert, Bufka, Barlow et al., 2001）といったマニュアル療法では，治療者の理論的背景や経験，スキルの習熟度による格差を緩和するために，画一化されたプロトコルが用いられる。〈チャート式〉アプローチに類似すると考えない。しかしながらマニュアル療法の治療効果は均一値を示さず，治療者間で大きな開きが見られる。先述したランバートは，2年半にわたる，91人の治療者と1,841名のクライアントを対象とした研究データの分析から，「（熟達した）治療者のクライアントが最も素早い回復を示し，そのスピードはグループ全体の平均値の10倍に相当する」と結論づけた（Okiishi, Lambert, Nielsen et al., 2003, p.361［引用者訳］）。この研究では，治療開始時におけるクライアントの症状レベル，および治療者の性別，学位，治療アプローチ，理論背景に相違はなかった。こうした治療効果の相違は果たして何に由来するのだろうか。

（4）支援におけるアライアンス

　上述の問いに対する答えは，「支援者とクライアントとの関係」である［14］（Horvath, & Luborsky, 1993 ; Martin, Garske, & Davis, 2000）。ランバートは，支援者がクライアントに示す思いやり，理解，励まし，サポートなどの要素を列挙し，これらが治療において約30％の影響力をもつと記し，次のように結論づけた。

> これらはパーソン・センタード・アプローチの3条件に類似する。すなわち，クライアントの体験を個人的に理解して伝達する共感的理解，クライアントを批判せず思いやりを示す受容，飾り気がなく率直で，「わざとらしさのない（not "phony"）」という一致性である。
> （Lambert, & Barley, 2001, p.358［引用者訳］）

　同様の結論はCBTにおけるエビデンス検定にも散見される。オランダの研究者G・ケイザーズ（Keijsers）たちは次のように論じている。

CBTセラピストは他の心理療法の実践者と同じように（クライアントとの）関係構築スキルを活用する。実践における治療関係は直接かつ積極的であり，ハイレベルのサポート，共感，無条件の思いやりがCBTの特徴とみなされる。

（Keijsers, Schaap, & Hoogduin, 2000, p.268［引用者訳］）

このような支援者とクライアントの関係はアライアンス（alliance）［15］と呼ばれ，おおむねカール・ロジャーズ（Carl Rogers）の提唱した「治療的人格変化に必要かつ十分な条件」，すなわち一致（congruence），無条件の積極的関心（unconditional positive regard），共感的理解（empathic understanding）の3要素と一致する（Rogers, 1957）［16］。〈チャート式〉アプローチがクライアントに「わざとらしく」感じられ，対人支援に寄与しないのは，アライアンスを促進させないことに原因がある。

（5）社会影響力

治療効果の相違にはアライアンスのみならず，支援者の社会影響力（social influence）が関与する（Corrigan, Dell, Lewis et al., 1980）。社会影響力とはクライアントの行動や態度に変化を及ぼす支援者の説得力のことであり，これを増強させることは支援者の〈正当性（legitimacy）〉を強化する。これに比例してクライアントの順奉性（コンプライアンス）が増大し，支援効果が高まるのである。社会心理学では社会影響力は〈社会的勢力（social power）〉と呼ばれ，褒賞勢力，強制（罰）勢力，正当勢力，専門勢力，参照勢力，情報勢力という6種類がある（French, & Raven, 1959 ; Raven, & French, 1958）［17］。

対人支援の領域ではスタンリー・ストロング（Stanley Strong）が，（1）専門性（expertness），（2）信頼性（trustworthiness），（3）魅力性（attractive-ness）という3つの特質を取り上げている（Strong, 1968）。これらはいずれも**支援者に対するクライアントの知覚であり主観的要素である**ことに注意しなければならない。あえて平易に言うなら，クライアントが感じる支援者の

腕前（専門性），品格（信頼性），人望（魅力性）のことである。

　社会影響力の概念は明快であり説得力に富むが，その効果はさまざまな条件によって異なることが最近のメタ分析によって明らかになっている（Perrin, Heesacker, Pendley et al., 2011）。ストロングはその後，社会影響力に対人円環モデル（Interpersonal Circumplex Model）を導入し，支援者からの影響に対するクライアントの反応を考慮した対人補完性（interpersonal complementarity）の見地から分析を試みている（Strong, 1991）（第6章参照）。一方，社会認知心理学者のジョン・カチオーポ（John Cacioppo）とリチャード・ペティ（Richard Petty）は熟考尤度モデル（Elaboration Likelihood Model）（Petty, & Cacioppo, 1986）を提唱し，どのような条件のもとで支援者の影響力が変化するかを考察して，社会影響力理論の精緻化を図った。こうした研究は援助プロセスにおける支援者の影響のみならず，それに関わる要素が奏功するための条件を明確にしており，スキル習得においても重要な意味をもつ。

（6）クライアントのメタメッセージ

　対人支援スキルのさらなる周辺要素として，**メタメッセージ**が挙げられる。メッセージは文字通りの意味であるが，メタメッセージとは発言に含まれる〈隠れた意味〉のことである。支援プロセスにおいて支援者は，クライアントのメッセージに応答するか，それともメタメッセージに返答するのかという選択を迫られることが多い。メッセージとメタメッセージの特質については，ポール・ワツラウィック（Paul Watzlawick），ジャネット・ビーヴィン（Janet Beavin），ドン・ジャクソン（Don Jackson）の言及が参考になる。

　　いかなる情報交換も言質（commitment）を意図しており，それゆえに（話し手と聞き手の）関係を規定する。言い換えると，情報交換とは単なる情報の伝達だけでなく，同時に行動を指示するのである。……これらはあらゆる情報交換において〈報告（report）〉および〈指令（command）〉機能として知られるようになった。……報告機

能は情報の伝達であり，メッセージの**内容**である。……これに対し，指令機能とはメッセージをどのように解釈するかということに関わり，これによって〈話し手〉と〈聞き手〉の**関係性**が決定される。(Watzlawick, Beavin, & Jackson, 2011, pp.51-52［強調原文・引用者訳］)

　要するに，**メタメッセージとは情報に含意された対人メッセージ**である。メタコミュニケーションの概念は「空気を読む」「空気が読めない」と日常的に使われる〈(場の) 空気〉の概念に該当する［18］。現行のスキル訓練ではクライアントのコミュニケーション，すなわち発話内容に重点が置かれ，対人指令に関わるメタメッセージの応答法は軽視されることが多いのではないかと筆者は懸念している。

　メタメッセージを活用する対人関係療法（the Interpersonal Therapy）の第一人者ドナルド・キースラー（Donald Kiesler）は，支援におけるメタコミュニケーションの意義を次のように述べる。

　　メタコミュニケーション（の活用）とは，クライアントの言語と非言語によるコミュニケーションパターンそのものに焦点を当てて論じることである。**治療的メタコミュニケーション，すなわちメタコミュニケーションのフィードバック**は支援関係の中心テーマであり，支援者とのやりとりのなかで繰り返し生じるクライアントのパターンを明示する。　　　　　（Kiesler, 1996, p.284［強調原文・引用者訳］）

　メタメッセージはクライアントの性格，価値観，認知スタイル，文化的背景などを反映する無意識反応であり，発言内容だけでなく，ボディランゲージ（非言語）や服装，話し方など（準言語）によっても伝達される。こうした要因はクライアントの対人関係に大きな影響を及ぼすが，日常場面で指摘することは難しいだけでなく，また無礼とみなされることが多い。最悪の場

合，人間関係を壊すことにもなりかねないため回避されやすい。だからこそ支援をねらいとする対人関係では，クライアントのメタメッセージの明確化が重要な役割を果たすのである（第2章参照）。

（7）支援者のメタメッセージ

　メタメッセージをめぐる問題はクライアント側のみならず，支援者側にも生じる。「空気の読めない」支援者がクライアントの微妙な感情を汲み取れず，的確な共感を示すことに困難を覚えるのは十分に想像がつくだろう。アメリカ医学界では，専門知識が豊富で医療技術やITなどの操作には長けているが，〈人間関係に疎い〉タイプの医師を「『虚しい人格』の医師（"Empty Vessel" physician)」と呼び，警鐘を鳴らしはじめている（Schroeder, & Fishbach, 2015)。もちろん日本でも同じ現象は指摘されている [19]。医療の場合，患者のメタメッセージを察知できなくとも比較的問題にならない分野（例：病理学，外科学など）があるが，対人関係によるアライアンス構築が支援の中核となる心理援助では事態は深刻になる。メタメッセージの理解および活用能力は，支援者としての適性（aptitude）として要求されるのである。

　支援者のメタコミュニケーション能力の欠陥は共感の破綻のみならず，クライアントへの歪んだメッセージ伝達にもつながる。メタコミュニケーションが対人メッセージであることを考えると，これは十分に納得できることであろう。アライアンス構築において，クライアントが支援者に対して信頼と魅力を感じることが社会影響力として作用することは上述した通りであり，「空気が読めない」ことによって生じる支援者の「歪んだ」態度 [20]，たとえば繊細さに欠けたり，一方的に自己主張を押しつける応答などは，決定的なマイナス要素となる。メタコミュニケーション能力の欠如から，クライアントの発言に対して融通が利かない〈チャート式〉アプローチで応答することは，意図的応答に逆行するだけでなく，クライアントを傷つける可能性さえある。同時に声のトーンや抑揚，調子，表情などといった非言語・準言語要素もメタコミュニケーションの重大要因であることから，配慮を怠ってクラ

イアントの感情を軽視したり，踏みにじったりすることもありうるであろう [21]。こうした「支援に逆行する（counter-therapeutic）」傾向の抑制と克服は知的学習のみでは達成できず，有能な指導者からのスーパーヴィジョンが不可欠となる。スキルの運用能力（competence）はいくら「アタマで解って」も実際「カラダで覚え」なければ実践では役立たないからである [22]。スキル訓練におけるスーパーヴィジョンの役割と方法については第10章で触れる [23]。

まとめ

対人支援スキルは数種類のカテゴリーから構成される。スキルの習得にあたり，まず理解しておかねばならない概念として，（1）意図的応答，（2）〈言葉〉と人間性，（3）〈チャート式〉アプローチの弊害，（4）アライアンス，（5）社会影響力，（6）クライアントのメタメッセージ，および（7）支援者のメタメッセージ，という7項目について論じた。支援スキルが奏功するかどうかはこうした諸要素に左右される。そのため訓練に先立ち，これらの概念をしっかりと理解することが望ましい。さらにスキルの知的理解と運用能力は別個であり，習得にはスーパーヴィジョンが必要とされる。

註

[1] *Oxford Dictionaries* の定義では "the ability to do something successfully or efficiently（何かを上手にもしくは効率的に行う能力）" とされる（https://en.oxforddictionaries.com/definition/competence ［2019年4月10日閲覧］）。

[2] 支援スキルのカテゴリーの実証性については，クララ・ヒル（Clara Hill）のチーム（Elliott, Hill, Stiles et al., 1987 ; Hill, 1992）や，ウィリアム・スタイルズ（William Stiles）たち（Stiles, Shapiro, & Firth-Cozens, 1988, 1989）の研究がある。

[3] 大谷（2004-a）では「活動技法」とした。

［4］支援者発言の意図性を心理療法全般のコンテクストではじめて強調したのはポール・ワクテル（Paul Wachtel）（Wachtel, 1980, 1993）であるが，力動的心理療法を標榜する理論家たちは早くから実践し主張していた（Paul, 1989 ; Shapiro, 1999）。力動的心理療法というワクテル自身の理論背景が支援者発言における意図性の強調につながったのであろう。一方，スキル訓練ではアレン・アイヴィ（Allen Ivey）が1983年に『意図的面接とカウンセリング（*Intentional interviewing and counseling*)』（Ivey, 1983）と題したテキストを出版している。

［5］米国における臨床心理訓練については，大谷（近刊）に詳述した。

［6］ウィリアム・コーミエーはカウンセリング心理学者。主要著書に *Interviewing strategies for helpers : A guide to assessment, treatment, and evaluation*（Cormier, & Cormier, 1979, 1991）がある。

［7］同じことは臨床催眠訓練でも体験した。筆者が師事したケイ・トンプソン（Kay Thompson）博士は師匠のミルトン・エリクソン（Milton Erickson）さながらの徹底した練習を強調し，「意図的な」催眠暗示を「自然に与えられる」ようになるまで反復訓練することを奨励した（Otani, 1998, 2004）。一例としては「腕が重い（The arm feels heavy)」という暗示の「重い」という表現をいかに「重く響かせる」かを1時間ほど練習した記憶がある。こうした訓練の成果は意図的自然性(deliberate spontaneity)と呼ばれるもので，あらゆるスキルトレーニングに共通する。

［8］支援スキルに慣れていない初学者が頻繁に用いるスキルの統計分析が次の論文で取り上げられている（Multon, Ellis-Kalton, Heppner et al., 2003）。

［9］マルティン・ブーバー（Martin Buber）が「我－汝」と呼んだ関係である。

［10］英語では"a cookbook approach"や"a manualized method"などと呼ばれる。「チャート式」スキル訓練がもたらす弊害の極端な例については，大谷（2017-a，第3章・注4［p.61]）に記した。

［11］「オウム返し」を「反復」と呼ばれるスキルと混同してはならない。反復ではクライアントの肯定的な発言をそのまま復唱し，これによって支援者の共鳴を伝える（大谷, 2004-a，pp.71-75)。

［12］サリンジャー（J. D. Salinger）の名作 *The catcher in the rye*（『ライ麦畑でつかまえて』）に頻出することからも明らかなように，"phony"は米語で頻繁に用いられるが，日本語に訳しにくい言葉である。*American heritage dictionary*は，（1) not genuine or real ; sham or counterfeit（本物でない，いんちきな，にせものの)，（2) spurious, deceptive, or false（信頼できない，偽りの，いかさまな)，（3) fraudulent, deceitful, or dishonest（欺瞞的な，まやかしの，不正直な)，という3種の定義を与えている。"phony"はまた名詞としても用いられ，（1) a fraudulent or dishonest person（詐欺をしたりする，

または不誠実なひと），（2）something that is not genuine（偽物）を意味する。カール・ロジャーズ（Carl Rogers）が3条件として第一に挙げた"congruence"は"phony"の真逆と考えるとわかりやすい。ここでは「わざとらしい」と訳した。

[13] 原文は"I suppose it is tempting, if the only tool you have is a hammer, to treat everything as if it were a nail"（Maslow, 1966, p.15）である。

[14] 関係要素は心理療法研究で共通要素（common factors）と呼ばれる広義のカテゴリーに属する。共通要素を研究した50編にわたる論文の分析では，関係要素としてロジャーズの3条件以外に，積極的関わり（engagement）と転移（transference）があるとされている。なお関係要素以外では，クライアント要素，支援者要素，支援プロセス要素，治療構造要素の存在が確認されている（Grencavage, & Norcross, 1990）。

[15] "alliance"は"therapeutic alliance（治療同盟）"の省略形であるが，ここでは原文に従って「アライアンス」と表記した。心理療法におけるアライアンスは「ワーキング・アライアンス（working alliance）」とも呼ばれ，エドワード・ボーディン（Edward Bordin）によって提唱された（Bordin, 1979）。

[16] 訳語は三國牧子による『ロジャーズの中核三条件』（三國，2015）のタイトルに従った。これらの訳語の妥当性については第2章・註17を参照されたい。

[17] 社会的勢力については，今井（1993）に詳しい。

[18] 社会学的見地からは山本七平『「空気」の研究』（山本，1977）の考察が参考になる。臨床的には心の理論（the theory of mind）や自閉症スペクトラム障害（Asperger Spectrum Disorder : ASD）のアスペルガー障害との関連が示唆されている（Korkmaz, 2011）。さらには感情を言語化できないアレキシサイミア（alexithymia）とも関与するという研究報告が見られる（福島・高須，2012）

[19] たとえば，住大（2005）や宮城・伊佐（2015）に詳しい。

[20] H・S・サリヴァン（Sullivan）は，クライアントが示す対人関係の歪みを「パラタクシス歪曲」（parataxic distortion）という用語で表現したが，この概念は支援者にも当てはまり，逆転移と複雑に絡み合うことが予想できる（Sullivan, 1940）（第6章参照）。

[21] カール・ロジャーズもこの点について言及している（第2章・註16参照）。

[22] 筆者の英語の恩師でかつて「同時通訳の神様」と称嘆された故國弘正雄先生は，大学で英語を講じる教官の実力を，「大学の英語の先生にしては英語がよくできる」などと言われることがある（國弘，1970, p.65）と痛烈に揶揄され，「英語というのも一種の芸の道のようなもので，きびしいお師匠さんのばちの痛さに爪を血でそめて，泣き泣き稽古をつづけるという趣きがどうしてもともないます」（pp.111-112）と喝破された。支援スキルは言語技術であり，これを〈外国語〉とみなすと，國弘氏の指摘はまさに正鵠を射たものである（Villatte, Villatte, & Hayes, 2015 ; Wachtel, 1993）。さら

に一部の識者はスキルに代表される「ことばにできない知」を「文字知」に対して「わざ言語」と呼んで区別している（生田・北村，2011，川口，2011）。

[23] 支援スキルの指導に携わるには，幅広いスキルを総合的にマスターしていることが求められる。さもなければ英語圏では，"Do as I say, don't do as I do（言行不一致）" という辛辣な批判を浴びせられることになる。

第2章

支援関係を構築する
傾聴スキル

本章で取り上げるメインテーマ

1. 傾聴スキルの概念と種類
   - ①明確化
   - ②感情反映
   - ③言い換え
   - ④要約
2. 関係構築のヒューリスティック
   - ①客観的事実と主観的現実の分別
   - ②本題の見極め
   - ③非言語メッセージの理解とフィードバック
   - ④近未来の予測
   - ⑤支援の決意表明
   - ⑥語彙の増強

　第1章では対人援助が支援者とクライアントとの関係構築から始まること，およびそれに関連する諸要素について考察した。第2章では支援関係を構築するための基礎である傾聴スキルについて論じる。ただし詳細は本書の姉妹編『カウンセリングテクニック入門』（大谷，2004-a）で詳述したので [1]，本章では概要をまとめるのみに留め，代わってこれらのスキルを実践で活用

するためのコツ（経験則）を述べることにしたい。ポイントは，〈チャート式〉アプローチから離れ，意図的応答を行うことによって，支援者の人間性，思いやり，共感をクライアントに伝え，支援の基盤となるアライアンスを形成することである。

傾聴スキルの概念と種類

　第1章の「意図的応答」のセクション（pp.18-19）で記したように，傾聴スキルは，①明確化，②感情反映，③言い換え，④要約，という4つの技法から構成される。これらはクライアントへ共感を伝え，親和性（closeness）を形成・維持するうえで欠くことができない。以下，それぞれのスキルの特徴について概説し，それらがどう活用されるのかを例示してみよう。各スキルのニュアンスを浮き彫りにするため，同一のクライアントの発言を想定し，それぞれに対する意図的反応を例示する。これらの例から各々のスキルがどのように異なるかということに注目していただきたい。

①明確化

　クライアントの発言は漠然としていたり，曖昧であったりすることが少なくない。感情と思考が混交する，発言のテーマや順序に一貫性がない，さらにはクライアント自身が困惑している，といった状況は十分に予期される事柄であり，特に支援の初期段階では起こりやすい。クライアントが感情的になった場合も同様である。明確化はこうした発言を明快にするのをねらいとする。

　明確化はまた支援者の事実誤認の防止にもつながる。クライアントの話を聞きながら，事実とはかけ離れたイメージを想起することはあるにせよ，これを防ぐ手立てとして事実を明確にし，クライアントに確認するのである [2]。クライアントの理解は立体ジグソーパズルのように複雑であり，過去と現在

を包括する全貌の把握には，一つひとつの発言についての細かい検討が欠かせない。これが明確化の第2の役割である。

　明確化を応用した2例を示そう。ひとつは内容の明確化，もうひとつは時期の明確化である。

　• 例：明確化
　クライアント：「運転中，スマホが鳴ったので，ちょっと目を離した
　　　　　　　　ら……（すすり泣く）まさかあんなことになるなん
　　　　　　　　て。（泣きやむ。強ばった面持ちで）全く信じられま
　　　　　　　　せん。今思い出しても目の前に鮮明なイメージが湧
　　　　　　　　いてきて，身体が震えるんです」
　　　　　支援者：「『あんなこと』というのは何を指すのですか？」（内容）
　　　　　支援者：「その出来事はいつ起こったのですか？」（時期）

　ちなみに，このクライアントの発言にある「あんなこと」から，読者はどのような連想をしただろうか。先行車への追突，もしくは歩行者やバイクとの接触事故といった類ではなかろうか（答えは第4章の「簡易Ａ－Ｂ－Ｃモデル」のセクション（pp.75-76）に記した）。ここではあえて，クライアントの言葉を傾聴し，事実に即してクライアントを的確に理解するために，明確化が有益な手段となることを銘記するだけに留めておきたい。

②感情反映

　クライアントの発言は感情に焦点を絞ったものか，思考もしくは事実を述べたものに大別できる。感情反映では，**クライアントの感情を支援者自身の言葉で表現する**。これによって支援者とクライアントとの間に情動共感（affective empathy）を構築するのである。実践ではクライアントが言語化した感情のみならず，明示できずにいる微妙な心の揺れや心情も汲み取り，巧みにフィードバックすることが重要となる。カール・ロジャーズ（Carl Rogers）

第2章　支援関係を構築する

は，これを「的確な共感（accurate empathy）」と表現し，次のように論じている。

> レベルの高い的確な共感では「おっしゃっていることは本当によくわかりますよ」[3] というメッセージが明確で，支援者の発言はクライアントの感情と内容に合致している。このレベルでは表出された感情を繊細に理解するだけではなく，そうした感情や体験がクライアントにとって明確となり，深まるように**フィードバック**する。フィードバックにあたっては，クライアントが用いるであろう言葉のみならず，感情のレベルや意図，深刻さなどを反映させるように，声のトーンや抑揚などの選択にも細かい注意を払う。
> （Rogers, & Truax, 1967, pp.104-105［強調原文・引用者訳］）

このロジャーズの引用には，第1章で強調した意図的応答が読み取れる。さらに「感情のレベルや意図，深刻さなどを反映させるように，声のトーンや抑揚などの選択にも細かい注意を払う」という，支援者のメタコミュニケーションへの言及は特筆に値する [4]。ロジャーズの面接録画記録からは，こうしたクライアントに対する細やかな心配りが頻繁に見て取れる。

再び上記のクライアントの発言に戻ろう。感情反映を応用する場合には次のような応答が考えられる。

• 例：感情反映

クライアント：「運転中，スマホが鳴ったので，ちょっと目を離したら……（すすり泣く）まさかあんなことになるなんて。（泣きやむ。強ばった面持ちで）全く信じられません。今思い出しても目の前に鮮明なイメージが湧いてきて，身体が震えるんです」

支援者：「（静かなトーンで）あの出来事を思い出すと未だに

怖くてどうしようもなくなってしまうのですね」

　「未だに怖くてどうしようもなくなってしまう」が恐怖を示す感情反映である。感情反映は単なる形容詞による置き換え（類語変換）ではないことが読み取れるであろう。「もし自分がクライアントの立場に置かれたら……」と仮定しながら，感情を推し測り，意図的に応答するのである。

③言い換え
　言い換えはクライアントの感情以外の要素に的を絞り，それを支援者自身の言葉で表現する。これによってクライアントは自分の発言内容を確認することが可能になり，自己の「ナラティヴ」[5]を支援者とシェアすることができる。いわば支援者とクライアントとの共通認識であり，これを認知共感（cognitive empathy）と呼ぶ（Davis, 1983）。筆者は支援のプロセスでクライアントに，「あなたの立場をシェアさせてください（I want to be on the same page with you）」「あなたと同じ視点に立たせてください（Let me make sure to see eye to eye with you）」とよく言うが，共に認知共感を喚起する発言である。共感にはこのように情動的側面だけでなく，認知的側面が含まれることを銘記してほしい[6]。

　• 例：言い換え
　クライアント：「運転中，スマホが鳴ったので，ちょっと目を離したら……（すすり泣く）まさかあんなことになるなんて。（泣きやむ。強ばった面持ちで）全く信じられません。今思い出しても目の前に鮮明なイメージが湧いてきて，身体が震えるんです」
　　　　支援者：「車を運転しているとき，ふとスマホに気を取られたら，全く予期せぬ出来事が起こってしまった。それ以降，思い出すたびに恐怖が繰り返し襲ってくるの

ですね」

　クライアントのナラティヴをシェアし，情動共感とは異なる認知共感を伝える言い換えの一例である。

④要約

　クライアントの発言は情報過多から複雑となったり，堂々巡りをしたり，冗長で当を得ないといったことも稀ではない。さらには発言内容が矛盾したり，不合理と思われるメッセージもしばしば起こる。このような場合，発言の全体像を把握し，核心をつかむことが効果的となる。クライアントの真意は何か？　発話の内容を一言でまとめるとどうなるか？──これが要約のコツである。例示した発言はさほど困難な内容ではないが，次のような要約が可能である。

　　• 例：要約
　　クライアント：「運転中，スマホが鳴ったので，ちょっと目を離した
　　　　　　　　　ら……（すすり泣く）まさかあんなことになるなん
　　　　　　　　　て。（泣きやむ。強ばった面持ちで）全く信じられま
　　　　　　　　　せん。今思い出しても目の前に鮮明なイメージが湧
　　　　　　　　　いてきて，身体が震えるんです」
　　　　支援者：「なるほど。ひとつは運転中の不慮の出来事，もうひ
　　　　　　　　　とつはその影響。これが問題なんですね」

　クライアントとのアライアンス形成，支援者の社会影響力の確立に不可欠となる4種類の傾聴スキルの概念は，いずれも明解である。クライアントのどのような発言に対しても，これらのスキルをいつでもスムーズに，意図的に駆使できるようになるまで練習を繰り返さなければならない。

傾聴スキルの概要に続き，以下は訓練の参考になるよう，筆者がこれまでに学んできた関係構築のヒューリスティック（経験則）[7] を示すことにする。ただしこれらは〈チャート式〉アプローチではなく，読者への指針であることを明記しておく。

関係構築の６つのヒューリスティック

ヒューリスティック１	クライアントの発言から，客観的事実とクライアントの主観的現実を探り出す

　対人支援は，客観的事実と主観的現実の分割と確認から始まる。明確化のセクションで論じたように，①現実に何が起きたのか，②それにクライアントはどう反応したか（解釈，感情，身体反応，対人行動など）という２点を，**具体的に，できる限り詳しく把握する**。前者は客観的事実（問題とされる状況），後者は主観的現実（クライアントの体験）である [8]。この相違をしっかりと理解せず両者を混同することは，かえって混乱を招くため，絶対に避けねばならない。簡単な例を挙げて説明しよう。

　仮に「先日，飛行機に乗っていたら不安に襲われました」とクライアントが述べたとしよう。何の変哲もない発言であるが，①フライト中にエンジントラブルが発生し，その結果不安になった場合と，②順調なフライトであったにもかかわらず不安が生じた場合とでは，大きく意味が異なる。①は多数の乗客が体験したであろう「想定内の」現象であるのに対し，②は「想定外の」反応だからである。これはクライアントの主観的現実（不安）が客観的事実（発生状況）によって変化することを意味する。逆に言うと，**事実を認識せずにクライアントの現実理解はありえない**のである。そのため支援者は「どういう状況で不安になったのか，もう少し詳しく話していただけますか？」と明確化を図り，さらに「先日**はじめて**」不安になったのか，それとも「先

第２章　支援関係を構築する

日もまた」不安になったのか（頻度），不安はどのようなものか（症状），不安は飛行機のフライト中だけに起こるのか，他の状況（エレベーター内，橋上運転中など）でも生じるのか [9]（発生場所），といったさまざまな情報を探索せねばならない（「探索」については第3章参照）。

こうした明確化によって客観的事実を確認しつつ，感情反映と言い換えを使い分けながら，「的確な共感」と理解した内容をクライアントに伝える。同時に，複雑な情報があれば要約し，手際よくまとめる。これが関係構築の常道である。したがって，客観的事実と主観的現実を無視した応答（例：「飛行中，不安に駆られたのですね」）が支援では役立たないことが納得できるであろう。

ヒューリスティック2	支援者はクライアントの発言の核心，すなわち支援者にぜひとも理解してもらいたいメインテーマを把握する

対人支援，特にクライアントとのアライアンス形成をねらいとする初期段階では多くの情報がインプットされるため，支援者はつねに本題，すなわちクライアントの発言に込められたメインテーマを把握しなければならない。「ヒューリスティック1」で指摘したように，クライアントの客観的事実と主観的現実を区別したうえで，クライアントが支援者にぜひ理解してもらいたいと願っている発言の核心を追求することである。これを見失うとアライアンスが形成できなくなるばかりか，関係構築の崩壊（rupture）をもたらしかねない（Safran, 1993）。

以下は筆者が最近診たクライアントの発言である。

　　クライアント：「私，人にものを頼まれるとノーと言えない性質なんです。内心『嫌だ！』と思うんですけれども，ついつい『いいわよ』と言っちゃうんです。子どもの頃からずっとこれで損しています。昨日も終業直前に

38　　　　　　　　第Ⅰ部　基礎編

　　　　　上司から急用を頼まれ，嫌々ながら6時過ぎまでオ
　　　　　フィスに残ることになってしまいました。帰宅が遅
　　　　　れて食事の準備もできず，主人も子どももかんかん
　　　　　になって怒っていました（目頭にハンカチをあてる）」

　この例では，発言の本題，つまり支援者にぜひとも理解してもらいたいことは，他人からの依頼を断りたくても断れない対人パターンがあること，それによる家族への悪影響に苦しむということであろう。これに焦点を合わせた適切な返答は，次のようなものである。

　　　　支援者：「『ノー』と言うべきだとわかってはいるけれど，つ
　　　　　　　　いつい『イエス』と言ってしまう。その挙句，今度
　　　　　　　　は家族にまで責められ，そういう自分が情けないの
　　　　　　　　ですね」

　まず言い換えによって，自己主張（アサーション）したくてもできない葛藤とその悪影響に触れ，次いで〈目頭にハンカチをあてる〉というボディランゲージに表わされた自己への不甲斐なさ（「情けない」）を感情反映する。これこそクライアントが支援者にわかってもらいたいメインテーマである。
　では反対に，クライアント目線に立っていない応答とはどのようなものだろうか。クライアントのコメントから，自己主張のできないうつ病的性格 [10]，拒絶過敏性（rejection sensitivity），夫婦・家族間のコミュニケーション不和，といったテーマが浮上する。誤ってこれに照準を定めると次のような発言となってしまう。

　　　　支援者：「幼少期から自己主張が苦手な性格で，人から嫌われ
　　　　　　　　るのが怖くて『ノー』と言えない。そしてこのパター
　　　　　　　　ンは家族にも悪影響を及ぼす。昨日の出来事はその

典型ですね」

　「客観的」な受け答えには違いないが，共感に欠ける「診断的」なコメントであり，上から目線のニュアンスさえ感じられる。この返答がクライアントとの関係構築に寄与しないことは明らかである。つねに**クライアントが理解を求める核心を突いた返答を心がけること**——これが関係構築にとって最も効を奏するのである。

ヒューリスティック3	クライアントが言語化しない（できない）感情，思考，モチベーション，ボディランゲージ，メタコミュニケーションに注意を払う

　支援者が犯しやすい過ちのひとつは，クライアントの発言に促され，クライアントが言葉にしない，もしくは言語化できずにいる気持ちや考えを見落としてしまうことである。「慇懃無礼」「奥歯にものの挟まったような」「歯切れの悪い」「言葉を濁す」「雲をつかむような」「胡散臭い」「オブラートに包んだような」といった日本語独特の言い回しはすべて，直接言語化されないクライアントの感情や意図を表わす慣用句である。第1章でも論じたように，これらはすべてクライアントのメタメッセージであり，支援者の「空気を読む」力が試される要素でもある。

　カール・ロジャーズはこの点について共感の見地から考察を加え，スキルの熟練度に比例して，支援者は，クライアントが認識できないでいたり，認めたくない微妙な感覚や感情についても鋭敏に感知し，共感的理解ができるようになると言明している（Rogers, & Truax, 1967, p.106）。先に挙げた〈目頭にハンカチをあてる〉というクライアントのボディランゲージに対して，「情けないですね」と感情反映するのはその一例である。

　メタコミュニケーションに関しては，対話療法で知られる神田橋條治が，支援において「最も重要なものは『読み取りの技術』」であり，これは「『感

じる』能力」であると論じている。

　　具体的には，場の雰囲気を感じること，場の流れを感じること，場
　　の中での自分の心身の流れを感じること，に努めるのがよい。

（神田橋，1990, p.13）

　引用中の「場の雰囲気」はクライアントのメタメッセージ，「場の流れ」は
支援者とクライアントとの関係性におけるメタコミュニケーション，そして
最後の「自分の心身の流れ」は支援者のメタメッセージ，すなわちロジャー
ズの言う一致（congruence）とみなしてよいだろう[11]。言語化されない発
言とそれに対する支援者の応答例をいくつか示してみよう。スキルに習熟し
ていない支援者にとって意外と難しいのが，クライアントの明瞭な感情の発
露に対する対応である。たとえば，「今日やっとプロジェクトが終わり，身も
心もくたくたです」といった発言である。こうした場合，近接表現による言
い換え（例：「疲れ切ったのですね」）を用いたくなるが，こうした類語変換
が無益であることはすでに指摘した（第1章／p.20）。ではどのように返答す
ればよいのか。答えは，クライアントの感情に潜むモチベーションに触れる
ことである[12]。

　　クライアント：「今日やっとプロジェクトが終わり，身も心もくたく
　　　　　　　　　たです」
　　　　支援者：「早く家に帰って横になりたいですね」

　空腹になれば食物を欲し，喉が渇いたら何かを飲みたくなるように，「身も
心もくたくた」になれば休息を望む（「横になりたい」）のは当然である。こ
うしたモチベーションの言語化は感情反映の一種とみなすべきである。
　言語化されないメッセージは，クライアントのボディランゲージだけでな
く，声のトーン，イントネーション，調子などにも表れる。これらは準言

第2章　支援関係を構築する　　41

語要素（paralinguistic elements）と呼ばれ，筆者はこれに対応するスキルを「語調反射」と呼んだ（大谷，2004-a）[13]。このスキルはクライアントが自覚していない感情や思考を反映する際に有効である。

　　　クライアント：「(声を荒立てて) あの係長，いったい私にどうしろっ
　　　　　　　　　　て言うんですか！」

　この場合，「声を荒立てて」が準言語要素である。これを度外視し，単に言葉のみに注目すると，次のように平板な言い換えになってしまう。

　　　　　支援者：「係長があなたに何を期待しているのかがわからない
　　　　　　　　　　のですね」

　しかしクライアントは感情的になり，それゆえ苛立った口調となった語調反射を活用すると次のような応答になる。

　　　　　支援者：「係長の理不尽には，いい加減カチンときますね」

　クライアントの口調や語気から内的反応を察し，それを言語化した意図的応答である。
　最後に，クライアントのメタメッセージの言語化について述べておこう。メタメッセージが，「クライアントの性格，価値観，認知スタイル，文化的背景などを反映する無意識反応であり，発言内容だけでなく，ボディランゲージ（非言語）や服装，話し方など（準言語）によって伝達される」ことはすでに論じた（第1章／p.24）。非言語，準言語要素によるメタコミュニケーションには前例で紹介した語調反射が効果的であり，発言内容に含まれる隠れたメッセージ（hidden message）に対しては明確化や要約が有効である。次の例がこれらを表わしている。

クライアント：「主人は……何と言えばいいのかな……細かいことを
　　　　　　　気にしない，おおらか，いやはっきり言うと大雑把
　　　　　　　な人なんです。私が頼んだこともきっちりできない
　　　　　　　し，家事を手伝ってくれるときもアバウトで，後か
　　　　　　　らいつも私が洗い直すんです。外食するときも彼の
　　　　　　　選ぶレストランはいつも二流。シャツや背広も正直
　　　　　　　言ってダサいんですよ。いったいどういう基準で選
　　　　　　　んでいるんでしょう？　仕事はできるし，子どもた
　　　　　　　ちにも優しいんだけれど，私がいなければどうなる
　　　　　　　ことやら……（ため息をつく）」
支援者：「ご主人が頼りないので，あなたがいつも目を光らせて
　　　　いないと安心できないということですか？」（明確化）
支援者：「あなたの努力の甲斐あって，ご主人は何とかやって
　　　　いける」（要約）

　いずれもクライアントの言葉の端々に表われた「とげ」を明確化や要約し，本音にじんわりと迫る応答である［14］。なお，上に示したクライアントの発言には矛盾が見られることから（「仕事はできるし，子どもたちにも優しい」「私がいなければどうなることやら……」），矛盾提示の活用も可能である。このスキルについては次章の「②矛盾提示」のセクション（pp.56-57）で述べる。
　クライアントの発言に潜む言葉から直接表現されない意味を汲み取り，それを巧みに言語化することは，クライアントの自己理解を深め，同時に支援者の共感を伝える。その一方，これが実行されないと支援は進展せず，クライアントとの面接は「堂々巡り」に陥るため注意したい。

第2章　支援関係を構築する

ヒューリスティック4	クライアントが体験するであろう近未来の出来事の可能性を予測し，ストレス・コーピングを促す

　対人支援の究極目標は行動変化，意思決定，現実肯定であり，長期的にはクライアントにとってプラスとなることが期待される。だが，短期的には生活環境の変化（transition）が引き起こす混乱やストレスといった，マイナス面の出来事が生じることも少なくない。そのため支援プロセスにおいて困難な状況や反応が予想される場合には，それを前もってクライアントに伝え，クライアント自身に予測させることによって，適応とストレス緩和を図ることが望ましい。約半世紀にわたる研究から，ストレス反応の予測，すなわち予測性（predictability）の提示にはコーピング効果のあることが確認されている（Folkman, 1984 ; Schachter, & Singer, 1962）。比喩的に言うなら，適切な心理コーピングを促す〈心のナビ（"mental GPS"）〉を提供するである。こうした配慮は支援関係とクライアントの心理安定の維持にとってきわめて重要であり，これが欠如すると支援は中断しかねない。

　出来事とストレスの予測にあたっては，「ヒューリスティック1」で論じた客観的事実と主観的現実の分別を慎重に検討する。クライアントの生活環境やパターンはどのように変化するか，家族や関係者はクライアントにどう対応するか，精神的なインパクトはどのようなものかなどを具体的に考慮し，それらが及ぼす**可能性**をクライアントと話し合うのである。これは疾病利得（secondary gain）（第5章参照）とも重複するが，予測のねらいはあくまでもクライアントのコーピングであることを忘れてはならない。

　支援に伴うストレスの予測では2つの事柄を考慮する。ひとつは生活の変化（life transition）に関わるもの，もうひとつは支援過程に起因するものである。

　前者はストレス研究で社会再適応イベント（social readjustment events）と呼ばれるもので，1967年にトーマス・ホームズ（Thomas Holmes）とリチャード・レイ（Richard Rahe）によって検証されて以降，研究が盛んになった。日本では八尋華那雄たちの日米比較研究や，夏目誠によって開発された大学

生および勤労者を対象とした2つの尺度が知られている（夏目，2008；夏目・大江，2003；八尋・井上・野沢，1993）。詳細はこれらの原著論文に譲るが，別離（例：家族／親友の死，離婚），対人関係トラブル，病気，経済トラブルなどが心身の負荷となることは言うまでもない。こうした出来事にクライアントが直面すると考えられる場合，そのインパクトをあらかじめ予想し，対処法について話し合うことがストレスのコーピングにつながる。

　後者の支援過程に起因するものとしては，クライアントの予期しない気づきや洞察，トラウマ体験の言語化，意思決定，現実肯定などによる心理ストレスが該当する。生活の変化が外的要因であるのに対し，こちらは内的要因が引き金となるストレスである。支援においては，クライアントの否認（denial）が軽減されたり払拭された場合，一時的にショックの生じる可能性もある。"The truth hurts（真実は耐え難し）"という英語の慣用句はまさにこれを言い当てている。しかしまた"The truth shall set you free（真実はあなたを自由にする）"[15]とも言われるように，現実を直視することによってこそ支援は可能となるのである。クライアントがこれまで自覚しなかった現実や，解離されていたトラウマ記憶が意識化されたとき，固持してきた「秘密」を打ち明けた際には，予期される影響（例：不安，罪悪感，うつ，希死念慮など）について話し合い，対処法（例：心理コーピング，対人サポートなど）と緊急対策（例：支援者へのコンタクト，救急連絡先の確認など）を明確にするべきである。

ヒューリスティック5	クライアントに対する真摯な支援とサポートの意思，ケア，問題解決への心構えと決意を伝える

　アライアンス形成において傾聴が重視されることは繰り返し述べてきたが，クライアントへの援助とサポートに対する支援者の真摯な心構えと決意（commitment）の表明は，アライアンスを強固にする。これは一見，ロジャーズの無条件の積極的関心（unconditional positive regard）に似ているようだ

が，支援者が自らの決意を言葉でクライアントに伝えるという点において異なる。ロジャーズの場合，「（クライアントにとって）脅威とならない心理的環境（the non-threatening context）」，クライアントへの「深い思いやり（deep caring）」「価値判断なきありのままの受容（acceptance）」を重視した（Rogers, & Truax, 1967, p.102）。柔和で温もりのある彼の人柄から，あえて言葉による表現は必要なかったのであろう［16］。支援の決意表明は，ロジャーズの概念よりもさらに「積極的」［17］であると言ってよい。

先述した神田橋も，クライアントへの支援に対するこうした前向きな態度に触れ，これを「利他の姿勢」と評して次のように述懐している。

> 経験がふえるにつれ，「どうにもならない」場合があることも分かってきて，「無い袖を振らせるような無理強いはいけない」などと考えるようになっても，「なんとかしてあげたい」という情緒的姿勢自体が減ることはなかった。……この利他の姿勢が……最も重要なものである。　　　　　　　　　　　　　　（神田橋，1990, p.11）

この「なんとかしてあげたい」という，支援者の胸中に流れる真摯な願いをクライアントに伝えるのである。神田橋が記すように，これは経験によって培われる支援態度であり，クライアントにとって大きな意味をもつことは間違いない。

筆者はアメリカで臨床支援を始めて30余年になるが，ここ数年になってようやく，「あなたのためにできる限り努力します（I'll do whatever I can do for you）」「私の願いはあなたが健全（幸せ）になることです（Your well-being is my focus）」「支援者の私にとって，今，最も大切な人はクライアントのあなたです（As your therapist, you are the most important person to me right now）」と，躊躇せず，誠実な気持ちで言えるようになった。こうした感覚はマインドフルネスの慈悲（loving-kindness）に通じるものである（第10章・註18参照）。仏教学者の中村元は，慈悲の〈慈〉（*mettā*）とは「同胞に利益と安楽

とをもたらそうと望むこと」であり，これに対し〈悲〉（*karuā*）は「同胞か
ら不利益と苦とを除去しようと欲すること」と定義している（中村，2010,
p.72）。支援とは，クライアントの悩みや苦しみを緩和し（悲），心身の安ら
ぎと目的の達成のために全力を傾ける（慈）ことなのである。経験やキャリ
アの別なく，支援者は常時この決意を自覚するべきであろう。

ヒューリスティック6　語彙，とりわけ感情表現を豊富にする

　関係構築のみならず，支援全般において最も重要な要素は言葉であり，語
彙の豊富さが支援を大きく左右する。なかでも感情表現に関する表現はクラ
イアントの心情の機微を察知し，それを正確にフィードバックするうえで欠
くことができない。この能力が支援者としての実力を決定すると言っても過
言ではなかろう。ポール・ワクテル（Paul Wachtel）は，「支援者は発言ごと
に言葉を吟味し，クライアントにフィードバックを与える」と記しているが，
これは至言である（Wachtel, 1993, p.18 ［引用者訳］）[18]。
　しかしながら感情表現はクライアントの心理を的確にとらえたものでなけ
ればならない。いくら語彙が豊かであってもクライアントの主観的本題を把
握できなければ，宝の持ち腐れになってしまう。これを克服する方法として，
カール・ロジャーズは自身の体験から小説を読んだことが大いに役立ったと
述懐し [19]，人間心理の機微を発達させる手段として読書と映画鑑賞を奨励
している（Rogers, & Russell, 2002, pp.42-44, 272）。これは，間接体験を活用
した学習（vicarious learning）である。
　クライアントの心情理解と同時に，支援者には豊富な感情表現力が求めら
れる。情動，厳密には身体および行動反応を伴う感情の種類と数についての
論議には枚挙に暇がない [20]。ポール・エクマン（Paul Ekman）とダニエ
ル・コーダロ（Daniel Cordaro）は現存するエビデンスを総括し，〈怒り
(anger)〉〈恐怖 (fear)〉〈驚愕 (surprise)〉〈悲しみ (sadness)〉〈嫌悪 (disgust)〉
〈軽蔑 (contempt)〉〈幸福 (happiness)〉という7種類を「普遍的情動」と結

論づけた（Ekman, & Cordaro, 2011, p.365）。支援における共感の役割を考慮すると，これらのカテゴリーに属する感情表現に十分慣れ親しむことが支援者に望まれていると言える。また，それによって闊達な意図的対応も可能になるだろう。

　感情表現に関わる語彙増強の秘密兵器は辞書，なかでも類語辞典である［21］。試しに大野晋と浜西正人の『類語国語辞典』から上記の7種のカテゴリー表現からいくつかを拾ってみよう。

【怒り】腹が立つ，気に障る，小腹が立つ，腹の虫が承知せぬ，気色ばむ，剝れる，冠を曲げる，膨れる，むかつく，逆鱗にふれる，など
（計43表現）

【恐怖】恐れる，怖がる，怯える，脅かす，びくつく，怖じる，人怖じ（する），畏怖（する），戦慄（する），肝を冷やす，心胆を寒からしめる，憶する，跼蹐する，など
（計37表現）

【驚愕】（驚きの項）驚く，ぎょっとする，はっとする，息を呑む，呆れる，呆気にとられる，恐れ入る，仰天（する），動転（する），震駭する，耳目を驚かす，一泡吹かせる，肝を潰す，あっと言わせる，舌を巻く，など
（計43表現）

【悲しみ】（悲嘆の項）悲しむ，痛む，愁える，詫びる，寂しがる，嘆く，哀れ（む），悲哀（する），哀感（が襲う），哀愁（を帯びる），悲傷（する），傷心（する），憂愁（に閉ざされる），春愁（を覚える），離愁（を味わう），長嘆（する），など
（計37表現）

【嫌悪】嫌う，毛嫌い（する），人見知り（する），憎む，忌み嫌う，忌む，嫌がる，嫌気（がさす），嫌悪（する），嫌気（する），忌避（する），飽きる，厭う，倦厭する，食傷（する），唾棄する，鼻に付く，虫唾が走る，蛇蝎の如く嫌う，など
（計37表現）

【軽蔑】見下げる，見下す，見縊る，貶める，踏み躙る，舐める，軽んじる，卑しめる，侮る，蔑む，軽蔑（する），馬鹿にする，尻目に

懸ける，袖にする，からかう，茶化す，嘲る，愚弄（する），半畳を入れる，など

(計53表現)

【幸福】幸せな，多幸な，福徳の，行幸な，福福な，ハッピーな，多祥の，至福な，万福な，勿怪の幸いな，棚牡丹の，幸先のよい，など

(計32表現)

　普遍的とされる7種類の感情に限っても，これほどさまざまな語句が列挙されている。これ以外の感情（例：尊敬，恥辱，怨恨，感動，痛み，など）まで含めると，実に多種多様な感情用語のあることは想像に難くない。だからこそ類語辞典やシソーラスは手元から離せないのである。

　感情表現や言い回しの多様性は世界中のどの言語にも共通する現象であり，特に日本語が豊かというわけではないが，これらの表現のもつ本来の意味とニュアンスを的確に理解し，縦横無尽に駆使できる人はさほど多くないだろう。言葉は支援者にとってかけがえのないツールであり，語彙を多く身につけていれば，実践において必ず反映される。発言ごとに吟味された支援者の受け答えを聞き，クライアントが「そうなんですよ！」と膝を叩いて応える——これが実現できることを目指して訓練を続けていただきたい。

まとめ

　対人支援においては，支援者とクライアントとの間の信頼感と共感に満ちたアライアンスが基盤となる。それを確立させるためには，明確化，感情反映，言い換え，要約による傾聴スキルが有益である。それぞれのスキルの概念はシンプルであるが，その活用は奥が深い。これを土台とし，本章では筆者の体験から関係構築（および支援活動一般）において役立つヒューリスティック（経験則）を紹介してきた。これらを参考として訓練を重ね，読者自身のヒューリスティックが編み出されることを望む。

註

[1] 特に「第3章　傾聴技法──聴き方の基礎技術」（大谷，2004-a, pp.25-40）を参照。

[2] 支援者の「勘ぐり（assume）」に対する戒めとして，米国大学院の訓練では "Assume spells 'ass' 'u' and 'me'（勘ぐりはあなたと私が馬鹿を見る）" という常套句がよく使われる。

[3] 原文は "I am with you" となっている。このイディオムは心理的一体感とサポートを示す表現で，日本語には直訳できないことからこのように意訳した。同様の表現に "I am in your corner"，"I have got your back"，"I am on your side" などがあるが，これらの表現では心理的一体感よりも支援とサポートのニュアンスが強い。

[4] 催眠治療では語調や抑揚，トーンといった準言語要素が最も重視される。こうした要素をメタコミュニケーションのツールとして活用することについては，ミルトン・エリクソン（Milton Erickson）が具体例と詳しい解説を施している（Erickson, & Rossi, 1976-1978/1980, p.481）。

[5] 支援者によるクライアントのナラティヴ理解を共感とみなす見解は，ピーター・クレイマー（Peter Kramer）が提唱している（Kramer, 1989）。

[6] 共感については心の理論（the theory of mind）やミラーニューロン説（the mirror neuron theory）の視座からも考察されている（Schulte-Rüther, Markowitsch, Fink et al., 2007）。一方，なぜ共感が個人の思考や感情の変化に影響するかについては，神経生理学者のタリー・シャロット（Tali Sharot）がこれまでの画像診断研究などの結果から，自己と他人との脳のシンクロナイゼーション（同期化）が態度や意見の変容につながるという仮説を展開させている（Sharot, 2017, pp.38-44）。この見解は，ミラーニューロン説に整合することからも信憑性が高いであろう。

[7] Heuristic とは "(of a method of teaching) allowing students to learn by discovering things themselves and learning from their own experiences rather than by telling them things（口頭によってではなく，学習者が自らの体験から何かを発見して学べるようにする〔教授法〕）"（*Cambridge advanced learner's dictionary, & thesaurus*）を指す。元来は "a heuristic technique（approach, method）" と呼ばれていたが，現在では単に "a heuristic（経験則）" として用いられる。経験則は曖昧な状況での意思決定において盛んに運用され，エイモス・トゥヴァスキー（Amos Tversky）とノーベル賞受賞者ダニエル・カーネマン（Daniel Kahneman）による研究が古典となっている（Tversky, & Kahneman, 1974）。

[8] "Fact check（客観的事実）" と "reality assessment（主観的現実）" の相違である。

[9] これらはパニック症状の頻発しやすい状況である。

[10] 厳密には非定型型うつ病の可能性が考えられる。このタイプのうつ病と性格との関連

は，多田（2010）に詳しい。

[11] 一致に関するロジャーズの考察については，第3章（p.66）で再度検証する。

[12] 精神分析家のアーヴィング・ポール（Irving Paul）はこれを感情の解釈（interpreting affect）と呼び，興味深い分析を試みている（Paul, 1989, pp.147-153）。

[13] *Psychotherapy of neurotic character*（『自己欺瞞の精神療法──ナラティヴの背面へ』）などの著作で知られるアメリカの心理療法家デーヴィド・シャピロ（David Shapiro）は，「クライアントの言葉だけでなく，**話し手**としての特徴に注意を払え」（Shapiro, 1989, p.58［強調原文・引用者訳］）と述べ，語調がクライアントの発言に及ぼす影響の数々を紹介している。

[14] これを英語では"cut to the chase"と表現する。「核心に触れる」という意味である。

[15] 新約聖書"ヨハネによる福音書"8章32節に見られる句である。

[16] 例外として，ロジャーズの最終プロジェクトとなった，統合失調症に対するウィスコンシン大学での研究報告書のなかに「自分はもうどうなってもいいんです」と述べるクライアントに対し，「あなたは自分に**何が**起こってもいいと言う。それについて私は──私はあなたのことを気にかけています。あなたがどうなるかということが**私には**大切なんです」という返答が見受けられる。さらにセッション終了直前，彼はクライアントにこのコメントは真実だと念を押し，通常の予約時間以外にセッションが必要であれば，いつでも遠慮せず電話するようにと述べている（Rogers, 1967, p.409［強調原文・引用者訳]）。また「いっそ死ねたらいいのに」というこのクライアントの発言に対し，ロジャーズは「彼の腕に優しく手を添えながら」共感反応を示した。この記録から，晩年のロジャーズが必要に応じてクライアントに対し，支援とサポートの決意を言葉と非言語行動によって伝えていたことが窺える。

[17] ここで問題となるのは"positive"を「積極的」と訳すことの妥当性である。ロジャーズが"unconditional positive regard or *warmth* for this person"（Rogers, & Truax, 1967, p.101［強調引用者]）と言明しているように，彼は"positive regard"を「（人間的な）温かさ，優しさ（warmth）」と同一視していた。註16に記した，クライアントの腕に手を添えるという非言語行動はこれの証しであろう。そのため「無条件の温かさ（優しい思いやり）」とするのが，ロジャーズが"unconditional positive regard"に含ませた意味をとらえた訳である。

[18] 感情表現の幅を増やすことにより，ストレートなフィードバックだけでなく，少々「ひねった」コメントができるようになる。たとえば，上司の催促に腹を立てたが，その理由を理解できないでいるクライアントに，「逆ギレと言うとちょっとオーバーかもしれませんが，ともかく上司のコメントにカチンときたことは確かですね」といった類である。この発言ではクライアントの怒りを率直に認めつつも，それが「逆ギレ」

第2章　支援関係を構築する

であった可能性をほのめかしている。つまり，クライアントに「逆ギレしたのではないか？」と間接的に問うているのである。

[19] 催眠療法家のミルトン・エリクソン（Milton Erickson）も支援能力向上の一手段として読書を薦めたことが思い出される。ただし彼は**小説を最終章から読みはじめ，その前の章で何が起こったかを正しく想像できる**ようになるべきだと薦めている（Zeig, 1980, p.128）。クライアントの現状を聴き，それから逆戻って類推することを鍛える訓練である。付け足しておくと，ロジャーズとエリクソンの技法的アプローチには差異が見られるが，クライアントに対する態度，特に共感において酷似している（Gunnison, 1985；井上・大谷，2017；Rogers, 1985）。理論と方法論を超え，有能な治療者に見られる特質であろう（Ackerman, & Hilsenroth, 2003）。

[20] 感情の種類と分類について，仏教アビダンマには52種が列挙されている（Susīlā, 2012）。統計手法を用いた最新の分析では27種類あるという説が浮上しており，さらにこれらは連続していることが確認された（Cowen, & Keltner, 2017）。

[21] 参考までに記すと，筆者は日本語では大野晋と浜西正人による『類語国語辞典』（角川書店，1985）および山口翼の『日本語大シソーラス類語検索大辞典』（大修館書店，2003）を，英語ではRobert Chapman (ed.) *The Original Roget's international thesaurus* (*5ᵗʰ edition*)（HarperPerennial, 1992）を愛用している。外国語である英語はもちろんのこと，日本を離れて40年を超えた今，日本語もあやふやとなりがちなことから，この3冊は臨床および執筆における必携書となった。

第3章

支援関係を促進させる
感化スキル／非定型スキル

本章で取り上げるメインテーマ
1．感化スキルの概念と種類
①探索
②矛盾提示
③解釈
④情報提供
2．非定型スキル
①反復
②自己開示
③沈黙

　傾聴スキルによってクライアントと支援者との間に支援関係の基盤が形成されたら，次はこれを促進させる段階へと進む。アライアンスの強化を図りつつ，問題の本質，原因，インパクト，影響についてクライアントとの共通理解を深めることが目的である。共通理解が深まると，クライアントは自らの主観的現実に加えて客観的事実にも目を向け，支援者と認識を共有することが可能となる。これには感化スキル（the influential responses）[1] とそれに準じる非定型スキルを活用する。

感化スキルにはクライアントへの探索（質問）や情報提供などが含まれることから，支援においてもはや傾聴は不要と考えられがちであるが，これは大きな誤解である。感化スキルのねらいはあくまで支援関係の促進であり，**傾聴スキルがあってはじめて感化スキルが活きる**ことを決して忘れてはならない。傾聴スキルで築いた骨組みを感化スキルによって肉づけするのである。

　感化スキルの内容は理論家によって異なるが，本書では，〈探索〉〈矛盾提示〉〈解釈〉〈情報提供〉の4つに，〈反復〉〈自己開示〉〈沈黙〉の「非定型」スキルの3種を加えた合計7種を解説する。これらのスキルはいずれもすでに本書の姉妹編『カウンセリングテクニック入門』で解説したので，詳細は前章にならって要約するのみにとどめ，各々のスキルに関する最近の理論動向や実証的研究の成果について論じることにする。

感化スキル

①探索

　探索とはクライアントへの質問であり，そのねらいはクライアントから**新しい情報を収集する**ことであるが，クライアントがすでに提供した情報を明らかにする明確化とは異なる。この相違を誤解してはならない。

　探索の様式には疑問詞を用いる開放型，もしくは「はい／いいえ」の二者択一による閉鎖型の2種類がある。開放型では，〈誰が（who）〉〈いつ（when）〉〈どこで（where）〉〈何を（what）〉〈どのように（how）〉という5つ（4W1H）を活用する。唯一，〈なぜ（why）〉はクライアントに批判や叱責というニュアンスを与えることから通常除外される [2]。もしクライアントの動機や理由を探索したければ，ストレートに，「どういう動機（理由）ですか？」と尋ねればよい。後者の閉鎖型では，「〜ですか？」「〜しましたか？」など，「はい／いいえ」による答えを求める言い回しを用いる。

　探索によって収集できる情報量は開放型のほうがはるかに豊富である。そ

のため探索では開放型の問いかけが基本とされる。しかしながら状況によっては「はい／いいえ」による事実確認が必須となる場合もある。希死念慮の有無，医療検査の判定結果などがこの典型である。こうした場合，閉鎖型でまず答えを特定したうえで，必要な情報を開放型で探索するのがよい。

　第2章で引用した例を再び引いて，開放型と閉鎖型の探索を応用してみよう。

• 例：探索

クライアント：「運転中，スマホが鳴ったので，ちょっと目を離したら……（すすり泣く）まさかあんなことになるなんて。（泣きやむ。強ばった面持ちで）全く信じられません。今思い出しても目の前に鮮明なイメージが湧いてきて，身体が震えるんです」

支援者：「そのイメージはこれまでに何回くらい起こったのですか？」（開放型）

支援者：「その後も運転は続けているのですか？」（閉鎖型）

　この例で，もしクライアントが閉鎖型の探索に「いいえ」と返答したら，「最後に運転してからどれくらい経ちますか？」といった開放型の探索でフォローすればよい。

　意図的な探索は情報収集を目的とするスキルであるが，実践ではクライアントとの間に沈黙が続いたときに乱発されやすい。支援者が「何か言わなければ……」という不安と焦燥に駆られ，いたたまれなくなり質問してしまうのである。これは探索ではなく，単なる時間稼ぎである。こうした無意味な質問が連発されると，〈支援者が質問し，クライアントが応える〉という質疑応答のパターンが生じ，最悪の場合，支援とは名ばかりの〈尋問〉セッションにもなりかねない。探索を活用するうえでも，支援スキルはあくまでも目的に合わせて意図的に用いるという原則を再認識すべきである。

第3章　支援関係を促進させる

②矛盾提示

　前章で，矛盾した発言に要約を用いる例を示した（第2章／pp.42-43），こうした場合，矛盾をその場で浮き彫りにするのが効果的となる。つまり発言に盛り込まれた食い違いを指摘し，それについてクライアントと共に考察するのである。矛盾の種類には，発言内容の齟齬（例：「気分がいい」と述べた後に「不安だ」と言う），認知と情動の不一致（例：理知判断と感情体験が一致しない），現実の否認（例：薬物依存であるにもかかわらずそれを否認する）などが挙げられる。いずれの場合も，クライアントには自覚がなかったり，矛盾を正当化する傾向があり，矛盾を指摘することによってクライアントが防衛的になることが想定される。これを念頭に置き，言葉遣いや声のトーンに不信感や非難のニュアンスが含まれることのないよう慎重に配慮せねばならない。

　ダグラス・ウェルプトン（Douglas Welpton）は矛盾提示には共感が欠かせないと主張し，〈共感的矛盾提示（empathic confrontation）〉という概念を提唱した。

> 　（クライアントを）助けなければならないという意気込みから離れることによって，思いやりに満ちた感情で矛盾を指摘できることを私は学んできた。クライアントを助けねばならないというプレッシャーに代わり，彼らをありのままに受け入れることができるようになったからである。……クライアントの問題を受け入れ，共に考え，理解が深まる。矛盾提示がうまくゆくと，クライアントへの共感が深まり，なぜ問題が生じたかが納得できるようになる。
>
> 　　　　　　　　　　　　　　（Welpton, 1973/2013, p.425, 431［引用者訳］）

　引用に示されているのは，矛盾を抱えるクライアントへの〈温かい思いやり（positive regard）〉と〈共感〉である。とはいえ矛盾提示は強烈なインパクトを与え，それゆえ一歩間違うとクライアントを傷つける〈両刃の剣（the double-edged sword）〉となりうるので注意しなければならない。ウェルプトンが記すように，矛盾の扱いには支援者の思いやりと共感がいっそう要求されるのである。

　矛盾提示は前章から用いている例には最適ではないが，参考までにあえてトライすると次のような返答が考えられる。

　●例：矛盾提示
　　クライアント：「運転中，スマホが鳴ったので，ちょっと目を離した
　　　　　　　　　ら……（すすり泣く）まさかあんなことになるなん
　　　　　　　　　て。（泣きやむ。強ばった面持ちで）全く信じられま
　　　　　　　　　せん。今思い出しても目の前に鮮明なイメージが湧
　　　　　　　　　いてきて，身体が震えるんです」
　　　　支援者：「（和らいだ声で）出来事が信じられないけれども，
　　　　　　　　　そのイメージは鮮明で，決して疑いようがないので
　　　　　　　　　すね」

　クライアントの認知（「信じられない」）と情動（「身体が震える」）との矛盾を，穏やかなトーンで提示した一例である。トラウマが引き起こした解離への言及であるが，クライアントが自覚しているかどうかは不明である。このようにクライアントの発言に含まれる矛盾には，明瞭なものから微かな〈ほのめかし〉程度のものまでがあり，支援者にはこれを聴き取る能力が要求される。

③解釈

　解釈は精神分析や力動的心理療法の中核技法であるが，本書ではクライアントが示す「行動の全体像や隠れたパターンを顕在化させる」技法とみなす（大谷，2004-a，p.49）。この定義からも明らかなように，解釈はクライアントが気づかないでいる現実や長年にわたる行動様式を意識させることをねら

いとする。これはクライアントの〈盲点〉を衝くことにほかならず，クライアントを熟知し，支援者との間に強い信頼関係が確立された条件のもとで行うのが原則である（Cormier, Nurius, & Osborn, 2016）。先の矛盾提示と同様，解釈も〈ハイリスク・ハイリターン（high-risk, high-return）〉のスキルであり，奏功すればクライアントに貴重な洞察（insight）を与えられる反面，失敗するとクライアントとの治療関係を逆行させることになりかねないので要注意である。

　先に触れた「行動の全体像」とは，クライアントに繰り返し生じる問題や，現在に影響を及ぼしつづける自覚されない過去の影響のことを指す。トラウマ体験に基づく愛着行動への恐怖などはこの典型である。他方，「隠れたパターン」には，クライアントのメタメッセージ（第1章／pp.41-43）や，行動を限定する価値観や信条 [3]，対人関係（第6章参照）における役割取得（role taking）などが挙げられる。役割取得とはクライアントが習得した対人スタイルのことである。交流分析（Transactional Analysis : TA）の〈迫害者（the Persecutor）〉〈犠牲者（the Victim）〉〈救済者（the Rescuer）〉（カープマンのドラマ三角形（Karpman's Drama Triangle）（Steiner, 1975）や，ダニエル・ゴールドスタイン（Daniel Goldstine）たちの〈恋愛スタイル〉（例：コミットメント恐怖タイプ，犠牲タイプ，脆弱タイプ，機嫌取りタイプ，挑戦的／脆弱タイプなど）（Goldstine, Larner, Zuckerman et al., 1977）がこれに相当する [4]。

　解釈を行う際には，あくまでも仮説として，控え目なトーンでクライアントに伝えねばならない。たとえ解釈の内容が正しいと確信できたにしても，クライアントがそれを承認するかどうかは別問題である。殊に解釈がクライアントにとって思いもよらない内容であったり，今後の生活に深刻な影響を及ぼすと懸念される場合はなおさらである。クライアントが解釈を受け入れた場合，それによって引き起こされる反応についても語り合う。言語で語られる心理的反応だけでなく，ボディランゲージや準言語要素で表わされる要素についても十分注意を払うことを忘れてはならない。筆者はこれまでの実

践において，突然泣き出したり，慌てふためいたり，時には激怒するクライアントに何度も接してきた。クライアントの反応を明確化，感情表現，言い換え，要約のスキルによって傾聴し，サポートしながら，しっかりと支援を進めてゆくのが原則である。

　では，もしクライアントが解釈を拒んだ場合はどう対処すればよいのか。答えは簡単である。傾聴スキルによってクライアントの考えや反応を理解することである。どのような理由で解釈が有意義と感じられないのか？　解釈を耳にしたとき，どういう考えや感情が脳裏をかすめたか？　解釈の例外とされる経験があるとすればどのようなものか？──こうした問いかけに対するクライアントのコメントに耳を傾ける。支援者のこうしたオープンな姿勢は解釈の正当性，厳密には支援者はいつも正しいという暗黙の了解を打ち消し，むしろクライアントの見解のほうが大切だという態度を伝える。こうした真摯な姿勢が支援を支え，クライアントへの支援につながるのである。

　解釈の例を示しておこう。むろんクライアントとのアライアンスが樹立されているという想定のうえでの発言である。

・例：解釈
　クライアント：「運転中，スマホが鳴ったので，ちょっと目を離した
　　　　　　　　ら……（すすり泣く）まさかあんなことになるなん
　　　　　　　　て。（泣きやむ。強ばった面持ちで）全く信じられま
　　　　　　　　せん。今思い出しても目の前に鮮明なイメージが湧
　　　　　　　　いてきて，身体が震えるんです」
　　　　支援者：「（少々抑え気味の声で）話から察すると，運転中の
　　　　　　　　出来事がトラウマ体験となって後を引いているのか
　　　　　　　　もしれませんね」

　ここでは「トラウマ体験」という概念の解釈を試みている。この解釈に対するクライアントの反応を支援者は確かめるのである。

④情報提供

　適切な情報の収集は支援過程においてクライアントにとって有益となる。特に問題解決や意思決定においては信頼のおける情報は不可欠となる。また，曖昧な知識から生じた誤解や疑惑が正確な情報によって雲散霧消することは周知の通りである。支援者から提供された情報によって思考内容の妥当性を確認することはクライアントの不安や思い込みを払拭し，安心感と認知共感（第2章／p.35）を向上させることにつながる。

　しかしながら情報提供にはいくつかの落とし穴がある。第1に，情報提供はあくまでもクライアントにとって有益な情報のシェアが目的であり，決して**アドバイスや助言ではない**。よく週刊誌や新聞などで見かける人生相談 [5] には経験豊富な相談者の体験や価値観に則ったアドバイスが多く，情報提供ではない。第2に，情報提供する際，「上から目線」にならないことである。当然のことながら，専門用語の乱発や，話し方，声のトーンなどが知識の誇示と映らないよう決意を払わねばならない。第3に，クライアントが情報を正しく理解したという確認を怠ってはならない。いくら信頼のおける適切な情報であっても，クライアントがそれを誤解したり，消化できなければ，〈無用の長物〉になってしまう。情報提供はこうした注意点を念頭に置いて行うスキルである。

　情報提供に関わる最近の動向として，インターネットのサーチエンジン（例：Google, Bing など）による情報収集について一言述べておこう。ひと昔前までは図書館以外には情報収集の手段がなかったことを考えると，こうした情報サイトの普及と拡散はまさに革命的であり，利便性と情報量は群を抜いていると言えよう。しかしその反面，ネット上に公開される情報の質，すなわち信憑性には問題のあることが指摘されている（Zhang, Sun, & Xie, 2015）。近頃マスコミを賑わせている「フェイクニュース（fake news）」に惑わされないためにも，こうしたサイトを利用するときにはGoogleの学術サイト（scholar.google.com）もしくは堅実な専門者向けのホームページなどに絞り，情報の正確さと出典を確認することが要求される [6]。こうしたうえで信

頼できるクライアント向けのサイトがあれば，クライアントに教示してよい。

　サーチエンジンがもたらすもうひとつの懸念は，クライアント側の問題である。支援者と同じように，クライアントも怪しげなサイトに掲載された未確認情報や，センセーショナルなマスコミ報道（例：医学情報番組，ダイエットやサプリの宣伝など）などにさらされている。同時に，複雑な専門論文をネット上で閲覧し，生半可な知識から〈自己診断〉して支援者のもとを訪れるケースも増加している。こうしたクライアントには健康志向や〈病気不安症（illness anxiety disorder）〉の傾向が強く，さまざまな情報に影響されやすいことが示されている（Muse, McManus, Leung et al., 2012）[7]。こうした現象が本書の姉妹編の執筆時（2003年）には問題にならなかったことを思うと，時代の推移を感じずにはいられない。

● 例：情報提供

クライアント：「運転中，スマホが鳴ったので，ちょっと目を離したら……（すすり泣く）まさかあんなことになるなんて。（泣きやむ。強ばった面持ちで）全く信じられません。今思い出しても目の前に鮮明なイメージが湧いてきて，身体が震えるんです」

支援者：「今，お話しになった『鮮明なイメージ』と『身体が震える』ことについて少しお話しさせてください。精神的にショックな出来事を体験すると，その後そのことを思い出し，恐怖に駆られることが知られています。これは多くの人に起こる現象です。しかも単なる心のなかのイメージに限らず，同時に身震いといった身体面にも影響が及ぶこともあります。ストレスとかPTSDといった言葉はこれを表わしたものです」

限られたクライアントの発言から心的外傷後ストレス障害（Post-Traumatic Stress Disorder：PTSD）と決めつけるのは早計かもしれないが，ここではトラウマに関する情報の一部をクライアントに教示している。フラッシュバックと身体反応がクライアントだけでなく多くの人に生じる，予期された反応であるという事実を述べ，症状に対するノーマライゼーション（normalization）を試みた情報提示である [8]。

非定型スキル

①反復
　反復はクライアントの発言を文字通り**そのまま繰り返す**スキルである。自らの言葉が支援者によって繰り返されると，その発言は再強化される。このプロセスはクライアントに深い共鳴を伝えると同時に，**発言内容の正当性を擦り込む役割を果たす**（Ferrara, 1994）。そのため反復は，**クライアントの意欲的かつ積極的な発言のみに限定する**ことがルールとされる。クライアントの発言をむやみやたらに〈オウム返し〉することは無益であると警鐘を鳴らしたのは，まさにこの理由による（第1章／p.20）。
　反復がクライアントの用いたポジティブな発言の繰り返しであることを確認するため，これまで用いてきた例の一部を変更して使い方を示しておこう。

・例：反復
クライアント：「運転中，スマホが鳴ったので，ちょっと目を離したら……（すすり泣く）まさかあんなことになるなんて。（泣きやむ。強ばった面持ちで）全く信じられません。今思い出しても目の前に鮮明なイメージが湧いてきて，身体が震えるんです……でも，きっと克服できると信じています」

> 支援者：「（クライアントをまっすぐ見つめ）きっと克服でき
>   ると信じている」

　危機感と不安に満ちたクライアントの発言のなかで，かろうじて最後に「一条の光明」となる希望が述べられている。これを反復することによって支援者は，クライアントの期待を正当化し，勇気づけているのである。

②自己開示

　支援スキルは原則としてクライアントの発言に焦点を当てるが，例外として自己開示というスキルがある。クライアントの体験や状況に類似した支援者自身の経験を，クライアントとシェアするのである。発言の視点が支援者に向けられることから，開示の**目的と内容を慎重に検討して選ぶ**ことが重要である。自己開示は決して支援者の〈体験談〉や〈苦労話〉ではない。年長者のなかにはこれを理解せず，「私も若い頃はね……」などとやたらと弁をふるいたがる人もいるが，これは単なる自己顕示であって，自己開示とは決して似ても似つかないことを明記しておく。両者の違いを決して誤解してはならない。

　自己開示については多数の研究が報告されており，その効果を適切に評価するのは必ずしも容易ではない。こうしたなか，ようやく信頼のおける総括レビューがジェニファー・ヘンレティ（Jennifer Henretty）とハイディ・レヴィット（Heidi Levitt）によって公表された（Henretty, & Levitt, 2010 ; Henretty, Currier, Berman et al., 2014）。研究結果の全貌については原著論文に委ねるが，以下これを参考にした実践ガイドラインを要約しておく。

　①自己開示の目的を明確にする：自己開示では目的をはっきりさせなければならない。ヘンレティとレヴィットの分析によると，自己開示は，①クライアントの支援者に対する親近感を高め，②アライアンスを強化させるのに役立つ（Henretty, Currier, Berman et al., 2014, p.196）。支援者も自分と同じ体験をする（した）のだという認識が，クライアントに共通意識を喚起する

のであろう。同時に，自分が悩んでいる状況や症状が特異なものではなく，他人にも生じるのだという気づきは安心感を与える（Hennrety, & Levitt, 2010, p.72）。これが自己開示のもたらす効果である。

　②**自己開示の内容を確認する**：自己開示の内容については支援者の関心分野，訓練／実践年数，修了学位，就労歴など，**バックグラウンドの情報**がまず挙げられる（Hennrety, & Levitt, 2010, p.72）。これらはクライアントが支援者に安心感を抱くための基礎情報になる。次いで**クライアントの状況や境遇に類似する支援者の体験**が挙げられるが，この場合，**マイナス体験の開示がクライアントの共鳴を呼び起こす**ことが判明している（Audet, & Everall, 2010, p.339）。支援者の素朴でフランクな人間性が伝わり，好感を与えるのであろう。その結果，支援者の魅力（第1章／pp.22-23）が増すのである（Henretty, Currier, Berman et al., 2014, pp.196-197）。これに反し，支援者によるプラス体験の告白は，うぬぼれ，独りよがりと判断されやすく，共感を欠いたコメントとも受け取られかねないため避けるのが無難である。

　③**自己開示の主旨と内包された価値観に注意する**：この技法の活用においてもうひとつ確認を怠ってはならないのは，自己開示に反映される主旨と価値観である。自己開示は，**クライアントの価値観を尊重した有益なもの** [9] でなければならない。これは人生観や個性の多様性が重んじられる現代ではことさらに重要である。支援者の見解や信条がクライアントを困惑させたり，不快にさせたりするきっかけとならないよう，最大限に配慮せねばならない。

　④**自己開示は控えめにする**：自己開示はクライアントとの親近感を高め，支援者の魅力性を増強させるが，発言の主体がクライアントから支援者へと転換することを忘れてはならない。支援の〈主役〉はあくまでもクライアントであり，支援者は〈脇役〉に徹することが求められる。そのため自己開示は**タイミングを見極め，ごく稀に活用する**のが望ましい（Hill, & Knox, 2002, p.262）。頻繁な自己開示は支援者に内在する不安や自信欠如の表われとも受け取られ，支援においては逆効果となる [10]。

　以下は自己開示の応用例である。

64　　　　　　　　　第Ⅰ部　基礎編

・例：自己開示

クライアント：「運転中，スマホが鳴ったので，ちょっと目を離した
ら……（すすり泣く）まさかあんなことになるなん
て。（泣きやむ。強ばった面持ちで）全く信じられま
せん。今思い出しても目の前に鮮明なイメージが湧
いてきて，身体が震えるんです」

支援者：「運転中の出来事と言えば，実は私にも同じような体
験があるんです。数年前のことですが，自宅の近所
を運転中，ほんの数秒でしたが他のことに気を取ら
れ，それで事故を起こしてしまいました。それから
運転することがしばらく怖くなり，事故現場まで運
転できるようになるのに数カ月かかりました。今思
い出してもぞっとします」

　先の実践ガイドラインに示したように，支援者はクライアントの状況に類
似した運転中のアクシデントについて自己開示している。これが引き金となっ
て運転が「しばらく怖く」なったこと，現在でもその記憶が残っていることを
認め，「数カ月」後には再び「運転できるように」なったと述べている。支援
者に起こった出来事とその克服の体験をシェアすることで，クライアントの
サポートにつながり，アライアンスの強化につながることが窺えるであろう。

③沈黙

　非定型スキルの締めくくりは沈黙である。支援スキルとして沈黙を論じる
ことに違和感を覚える読者がいるかもしれないが，数多いスキルのなかで最
も難しい技法であると筆者は確信している。まずその定義から始めよう。沈
黙とは，クライアントの発言が中断したとき，その意義を見極め，**必要に応
じて意図的に無言を保つ支援者の行為**をいう。決して，クライアントの発話
をどう受け応えたらよいかわからずに，言葉を控えることではない。これは

第3章　支援関係を促進させる

単なる〈戸惑い〉であって意図的応答ではない。技法としての沈黙の長さについてはクララ・ヒル（Clara Hill）とキャレン・オブライエン（Karen O'Brien）が「5秒以上」と定義しているが（Hill, & O'Brien, 1999, p.86），カール・ロジャーズ（Carl Rogers）は数十秒から最長17分（！）にわたる沈黙を保ったことがセッション記録に残されている。このように沈黙の長さの定義は支援者によって異なることが窺える。ちなみに自らの沈黙に関してロジャーズは，胸中を次のように吐露している。

> ほとんどの支援者がじっと聞くのは話すためであって，話す内容がほとんど無意味で支援になっていないときでも変わらない。**私は沈黙を聴くことができる**，特に沈黙がきっと有意義な感情の発露につながると信じるときには。しかしまた，我慢の限界に達したり，沈黙をこれ以上受け入れることができないと感じたときには，それを今の自分に起こりつつある感情として自由に述べられることも明言しておく。　　　　　　　　　（Rogers, 1967, p.413［強調・引用者訳］）

　沈黙を聴く。それはロジャーズにとって目前のクライアントと対峙しながら自分の心を見つめ，そのプロセスにオープンになることであった。これが彼の言う一致（congruence）である［11］。そして筆者が沈黙を最も難しいスキルとみなす所以である［12］。

　沈黙のねらいについては，ニコラス・ラデイニー（Nicholas Ladany）たちの研究データが参考になる（Ladany, Hill, Thompson et al., 2004）。支援経験10〜25年の12名を対象にしたアンケート［13］によると，全員が沈黙の価値を認め（やや重要＝2名，大変重要＝6名，極めて重要＝4名），実践についても全員が問題なし（やや快適でいられる＝4名，非常に快適でいられる＝8名）と答えている。初心者に沈黙が困難となりやすいことを考えると，経験によって克服できることがわかる。

　沈黙を活用する動機については，クライアントを対象にした場合と，支援

者自身のために用いる場合によって異なるようである。クライアントを対象にした沈黙では，次のような動機が挙げられている。

①共感や敬意の表明
②内省の促進
③自己責任の認識
④感情表現の奨励

これに対し，支援者自身のために沈黙を用いる動機は，次の2つである。

①発言内容の熟考
②困惑，不安，注意の散乱

これらを比較すると，クライアントを対象にした場合は肯定的であるのに対し，支援者自身のために用いる場合では否定的な動機となっていることがわかる。上述したロジャーズの「沈黙を聴く」ことがいかに難しく，神業レベルのスキルであるかを改めて実感させられるであろう。

最後に，沈黙がタブーとなる状況としては，「明白なパターンはない」とされつつも，次の3項目がリストアップされている（Ladany, Hill, Thompson et al., 2004, p.84）。

①支援関係の初期段階
②アライアンスが希薄なクライアント
③パーソナリティ障害／精神病のクライアント

①と②は支援者とクライアントの関係性に関わる要素であり，妥当である。しかし，③についてはロジャーズが統合失調症のクライアントとのセッションにおいて沈黙を見事に活用していることから，「沈黙を聴く」支援者の実力

第3章　支援関係を促進させる　　67

に左右されると考えるべきだろう。

まとめ

　傾聴スキルによって支援関係が構築されたら，次はアライアンスを促進させる段階へと進む。これには探索，矛盾提示，解釈，情報提供という4種から成り立つ感化スキルを活用する。感化スキルは単独ではなく**傾聴スキルと並行させて用いる**のが原則であり，支援関係をさらに強固にすることを目的とする。さらに非定型スキルとして反復，自己開示，沈黙についても解説した。いずれも意図的な活用によってのみ奏功するスキルであり，順守されなければ逆効果となることを明記しておく。

註

[1] コーミエーたち（Cormier, Nurius, & Osborn, 2016）が感化スキル（the influence skills）と改訂したことを受け，本書もその名称に従った。

[2] 例外的に〈なぜ〉を強調の意味で活用することも可能である。「**なぜ**，またよりによって競馬に手を出したのですか？　もう懲りごりだとあれほど言っていたのに！」という発言がこれに相当する。この場合，支援者はギャンブル癖再発の理由を尋ねているのではなく，クライアントの意外な行動に対する驚きを表わしている。とはいえ，こうした強調を意図していても，表情や声のトーンによって〈驚き〉ではなく〈非難〉と受け取られる懸念があるため，注意するに越したことはない。

[3] 認知療法のスキーマ（Young, Klosko, & Weishaar, 2003），アドラー心理学のライフスタイル（Powers, & Griffith, 1987），TAの人生脚本（Steiner, 1975）といった概念もこれに含まれる。

[4] 日本で人気のある〈血液型性格判断〉は俗流の対人スタイルを表わすが，その信憑性は日米での比較検討による実証エビデンスから否定されている（縄田，2014）。しかしながら，いくら非科学的であっても役割取得になりうる可能性は高い。「自分はA型だからこういう振る舞いをする」と信じることは十分に考えられる。この場合，「自分はこの血液型だからいつもこう振る舞ってしまうのだと信じているようですね」と

言えば解釈になる。これに対し，血液型性格判断の非科学性とそれを確信するクライアントの態度を比較して指摘すれば矛盾提示となる。どちらを選ぶかは状況により支援者が判断するべきである。

[5] 筆者が子どもの頃，結婚相談にはたいてい，「あんさん，別れなはれ」と〈アドバイス〉することで評判になったラジオパーソナリティの番組があった。人生相談を謳ったある種の娯楽番組であったのかもしれないが，こうした人生相談は米国でも盛んで，各地の新聞紙上には"advice (lovelorn) columns"“Dear Abby（もしくは Ann Landers）columns"（Abby も Ann Landers は共にコラム誌上アドバイザーで，2人は双子であった）といったコラムが賑わっている。

[6] 最近流行のマインドフルネスが「認知症」の予防になるとした放送番組はフェイクニュースの典型である。詳細は大谷（2018-a）で論じた。

[7] このような動向を象徴するように，ヒポコンデリア（hypochondriasis）をもじったサイバコンデリア（cyberchondriasis）という新語が現われた。

[8] PTSD 治療ではこうした情報提供は心理教育（psychoeducation）と呼ばれ，治療の初期段階で重要な役割を果たす。詳細は大谷（2017-a, p.66）を参照されたい。

[9] もちろん反社会的であったりクライアントにとって有害となる価値観については当てはまらない。

[10] 過度の自己開示を「節操を汚す（promiscuous）」と形容する識者もいる（Cormier, Nurius, & Osborn, 2016, p.153）。

[11] ロジャーズの見解がヴィパッサナー瞑想の概念と実践に類似しているのは興味深い。マインドフルネスからみた一致（congruence）の検証は，沈黙のみならず，支援スタンスの理解においても有益であろう。

[12] 筆者は臨床催眠の訓練から〈沈黙を観察する技術〉を習得した。催眠誘導や催眠治療ではクライアントが無言になることが多く，細かな観察が要求されるからである。実践では沈黙するクライアントの非言語反応を対話としてとらえ，それに基づいて治療暗示を施す（髙石・大谷，2012）。さらに暗示を与える際には言葉遣いが決定的となることから，言い回しについても催眠から多くを学んだ。

[13] デルファイ法（the Delphi method）と呼ばれる，識者を対象にした研究方法論である。

第3章　支援関係を促進させる

第4章

クライアントの問題を定義する
見立てのスキル

本章で取り上げるメインテーマ

1．見立て
　①見立ての概念
　②概念の分類
2．簡易Ａ－Ｂ－Ｃモデル
　①現時点での問題の特定
　②問題体験の把握──最初／直近／最悪時
　③問題の評価──誘発要因／鋭敏化／目的性

　支援の骨組みとなるクライアントとの支援関係（アライアンス）が構築されたら，次は見立てへと進む。見立てとは簡単に言うと，クライアントの問題を定義するプロセスである。これを経て次章で述べるゴール設定が可能になる。

見立て

①見立ての概念

　乾吉佑（2013, p.4）は見立ての目的を，「第1は問題を同定するため。第2は，見立てから見通しを推察し治療目的の設定を図ることである」とし，その視座と方法論は理論によって異なるとしている。認知行動理論では認知と行動のパターンを特定し，アドラー心理学ではライフスタイル・アセスメント（Powers, & Griffith, 1987）を行うのはこのためである。しかしながらいずれの理論であっても，支援者はクライアントの問題を特定し，それに基づいて支援のゴールをクライアントと設定する段階へと進んでゆく。

　ただ，「問題の同定」と「治療目的の設定」は，必ずしもすべての支援理論に当てはまるものではない。この典型はカール・ロジャーズ（Carl Rogers）のパーソン・センタード・アプローチである。ロジャーズはいかなるクライアントにとっても〈体験の流れ（experiencing）〉と〈自己概念（self-concept）〉との隔たりが問題の根底にあるとみなし，それを整合させ「真の自己になること（To be that self that one truly is）」が支援の究極目標であると主張した（Rogers, 1961）。つまり個々のクライアントに特有の見立ては不要とみなしたのである。同様の見解は無意識の葛藤とその〈ワークスルー〉を標榜する精神分析理論についても当てはまる（Novey, 1962）。こうしたすべてのクライアントに当てはまる，いわば「金太郎あめ式（one-size-fits-all）」の見立てが果たして支援において有益か否かは状況によって異なる。それゆえ支援者には，クライアントのニーズに応じて見立ての必要性を臨機応変に判断する，柔軟な能力とスキルが要求されるのである。筆者は原則として見立てと目標設定を重視する立場に立つが，これらを留保する支援もまた時には必要とされ，重要な役割を果たすと確信している（例：緩和ケアにおける支援）[1]。

②概念の分類

　見立てと混同されやすい概念として〈診断（diagnosis）〉がある。診断とは，クライアントの「病状を熟慮して……推論によりその病的経過および病因に至る概念を形成」する狭義の医療プロセスをいう（懸田・内薗・渡辺，1960, p.257）。わかりやすく言うと，問診によってクライアントの病状をDSM-5（*Diagnostic and statistical manual of mental disorders, 5ᵗʰ edition*）やICD-10（*International classification of diseases and related health problems, 10ᵗʰ revision*）などのマニュアルに記載されたカテゴリー基準（例：強迫性障害，物質関連障害など）に照らし合わせて**病名を特定**する作業である。診断は病名が確立した時点で終了し，その意義，治療方法および治療目標，予後の見地などについては治療者に一任される。こうしたことから〈上から目線〉と批判を浴びることになった [2]。

　これに対して見立ては病名の特定のみに限らず，クライアントの問題（例：家族，進路，生計，職業など）全般を扱い，クライアントと情報をシェアしながら解決のためのゴールを設定する。したがって，見立ては診断と明らかに異なる。

　見立ての方法論は，支援者の依拠する理論や専門領域（例：臨床心理，社会福祉，看護，介護，教育，司法など）によって異なる。手法としては心理テストやジェノグラム（genogram）をはじめ，クライアントの家族，教師，上司からの情報，状況によっては学校，役所，裁判所などからの資料も必要に応じて活用する [3]。こうして収集された情報はクライアントの問題に焦点を絞る〈ミクロ視点〉によるものであるが，筆者はこれ以外に，クライアントの遺伝要因，体質，既往症，性格，生い立ち，家族／友人関係，職業，趣味，宗教，価値観，余暇・休暇，服用薬といったライフスタイル全般に関する〈マクロ視点〉からの情報も見立ての一部として取り入れている。これらはすべて関係構築の段階で得ることのできる情報である。**クライアントを一個人として全体的に把握し，その視点から問題を判断する立場を生物－心理－社会的アセスメント**（the bio-psycho-social assessment）と呼ぶ（大谷，

2013；山本・塚本・西山ほか，2003）。支援者は得られたすべての情報を慎重かつ総合的に分析・検討し，問題の全貌と特定（問題定義）を行う。これに基づいて支援目標を決定（ゴール設定）していくのである。

　次に，見立てのスキルとして〈簡易Ａ−Ｂ−Ｃモデル〉を解説しよう。

簡易Ａ−Ｂ−Ｃモデル

　筆者はかつて見立てのスキルとして〈Ａ−Ｂ−Ｃモデル〉[4]を論じたことがある（大谷，2004-a）。本書ではこれを簡略化した方法を紹介したい。〈Ａ−Ｂ−Ｃモデル〉は行動理論に基づいたプロトコルで，クライアントの問題を反応（思考，情動，行動，身体反応）と時系列（きっかけ，現状，結末）による合計12項目のマトリックスに当てはめ，統合的に問題を特定し見立てる方法である（大谷，2004-a，pp.81-97）。問題の全体像を俯瞰するのにきわめて有効なスキルであるが，その習得には集中的な訓練と時間を要することが容易に想像できるであろう。この解消策として，筆者は時系列を主軸にした〈簡易Ａ−Ｂ−Ｃモデル〉による見立てを提案した[5]。〈簡易Ａ−Ｂ−Ｃモデル〉では，煩瑣なマトリックスに代わり，①現時点での問題の特定，②問題体験の把握（最初／直近／最悪時），③問題の評価（誘発要因／鋭敏化／目的性），という３点に絞り問題を特定する。

①現時点での問題の特定

　〈簡易Ａ−Ｂ−Ｃモデル〉による見立ての第１ステップは，クライアントが直面する問題の特定である。何が起こった（関与している）のか？　誰が関与した（関与している）のか？　どのような影響が現われたのか？　どこでトラブルが生じるのか？　いつ起こる（起こった）のか？　現状をどう理解しているのか？　どう対処した（ている）のか？……など，**できる限り具体的な情報を収集し精査する**。つまり，クライアントの発言から客観的事実と

主観的現実をふるい分ける作業である（第2章／pp.37-38）。単に「何が問題ですか？」と尋ねるだけでは，満足の行く結果は得られない。それよりクライアントに問題の実際例を述べてもらい，これを手がかりに現時点での問題を特定するのである。この場合，傾聴スキルと感化スキルを最大限に活用する。自分の問題についてクライアントが自由に語り，それに対して支援者の関心と共感を体験することは，支援関係を強固にし，自分の問題に関する新しい認識と洞察を可能にする。

〈簡易Ａ－Ｂ－Ｃモデル〉を第2・3章で用いた例に再び応用してみよう。クライアントに何が起こったのかが，以下のやりとりから明瞭になるであろう（読者の理解を促すために，支援者の発言には［　　］内にコメントを付した）。

クライアント：「運転中，スマホが鳴ったので，ちょっと目を離したら……（すすり泣く）まさかあんなことになるなんて。（泣きやむ。強ばった面持ちで）全く信じられません。今思い出しても目の前に鮮明なイメージが湧いてきて，身体が震えるんです」

支援者：「『鮮明なイメージ』について，もう少し具体的にお話しいただけますか？［明確化］」

クライアント：「あのとき，子どもが運転席の横のカップホルダーに置いてあった私のコーヒーを膝の上にこぼして，『ギャーッ』と悲鳴を上げたんです。すぐに車を止めたんですが，子どもは泣きじゃくって，『ママ，痛い，痛い〜』と叫びつづけるんです。救急車がやっと来て応急処置をしてもらっても泣き止みませんでした。このイメージが止まらないんです（号泣する）」

支援者：「（優しい声で）本当につらいですね［感情反映］。悪夢のようなイメージが浮かぶと，あのときと同じように何もすることができない［言い換え］」

クライアント：「まさにその通りです！　私が注意していたら，あん
　　　　　　　なことにならなかったのにと思うと……（再び泣く）」
　　　支援者：「すべて自分の責任だと感じてやっていられない［感情
　　　　　　　反映］。イメージは何回ぐらい起こるのですか？［開
　　　　　　　放型探索］」
クライアント：「車に乗ってカップホルダーを見るとよく起こりま
　　　　　　　す。最近は運転を避けているので日によって違いま
　　　　　　　すが，1日3〜4回，多いときは7〜8回起こります」
　　　支援者：「回数が変わるのにはどういう理由があるのです
　　　　　　　か？［開放型探索］」
クライアント：「平日はオフィスの往復だけなので運転の回数は限ら
　　　　　　　れています。ただし週末になると，いろいろとしな
　　　　　　　ければならない用事があり，それに子どもを塾に連れ
　　　　　　　て行かなければならないので，少し多くなるんです」
　　　支援者：「なるほど。イメージはどれくらい続きますか？［開
　　　　　　　放型探索］」
クライアント：「どれくらい続く？　そうですね……1分くらいかな。
　　　　　　　計ったことがないので正確にはわかりませんが，た
　　　　　　　ぶん1分くらいです」
　　　支援者：「つらくて長い1分ですね［感情反映］」
クライアント：「本当にその通りです（ため息をつく）」

　これが〈簡易A−B−Cモデル〉を用いた現時点での問題の特定である。
スキルとしては傾聴スキルの「言い換え」と「感情反映」，感化スキルの「開
放型探索」が用いられている。平日と週末ではイメージの発生回数が異なる
ことに関して，支援者は「なぜ」と言わず，「どういう理由」と尋ねている
ことも注目される。

②問題体験の把握──最初／直近／最悪時

　続く〈簡易Ａ－Ｂ－Ｃモデル〉の第2ステップは，問題をはじめて体験したとき（最初），つい最近（直近），最もひどかったとき（最悪時）の状況把握である [6]。クライアントの体験を時間の流れ（時系列）に当てはめ，〈歴史的観点〉から査定するのである。

　　「この問題がはじめて起こったのは，いつ／どこで／どのような状況
　　　でしたか？」（最初）
　　「一番最近この問題が起こったのは，いつ／どこで／どのような状況
　　　でしたか？」（直近）
　　「これまでで一番ひどかったのは，いつ／どこで／どのような状況で
　　　したか？」（最悪時）

　この場合も第3章（pp.54-57）で論じたように，まず開放型探索から始め，必要に応じて閉鎖型探索やその他の感化スキルを利用する。

　　　　　　支援者：「（イメージの回数についての返答に対して）週末が
　　　　　　　　　　　特に大変ですね［言い換え］。ところで事故はいつ起
　　　　　　　　　　　こったのですか？［開放型探索］」
　　クライアント：「昨年の8月29日です」
　　　　　　支援者：「というと（スマホのカレンダーを見ながら）約4カ
　　　　　　　　　　　月半前ですね［明確化］」
　　クライアント：「はい」

　ここから問題体験の始まり（最初）に関する見立てが始まる。さらに例を追ってみよう。

　　　　　　支援者：「はじめてイメージが湧いてきたのはいつだったので

第4章　クライアントの問題を定義する

すか？［開放型探索］」

クライアント：「いつ頃でしたかねぇ……事故の直後は問題なかった
んです。息子が入院していたんですが，そのときは
大丈夫でした。事故からひと月ほどして退院となり，
通院を始めました。10月のはじめです。そのとき病
院に行く途中，息子をちらっと見たときに起こった
んです。パニックになりました（顔をしかめる）」

支援者：「なるほど。事故から1カ月ほどして，運転している
ときに子どもさんを見たら突然イメージが湧いてき
たのですね［要約］。思い出してもゾッとするでしょ
う［感情反映］。（クライアントを見つめ）今，イメー
ジのほうは大丈夫ですか？［閉鎖型探索］」

クライアント：「はい，大丈夫です」

支援者：「もし不安になったらいつでもサインを送ってくださ
い。ここは安全な場ですから」

クライアント：「（少し微笑み）ありがとうございます」

支援者：「ともあれイメージが出はじめるまでひと月ほどあっ
たことはわかりました。ひとつ確認したいのですが，
セッションのはじめに，カップホルダーを見るとイ
メージが浮かぶと言われましたが，運転中に子ども
さんを見たときがはじめてだったのですか？［矛盾
提示］」

　現時点での発言との食い違いに気づいた支援者は，ここで「矛盾提示」を
行っている。

クライアント：「はい。最初は子どもがどんなにつらいだろうと思う
とイメージが湧いたのですが，そのうちに私がカッ

プホルダーにコーヒーを置かなければあんなことに
ならなかったのに，と考えるようになりました。そ
れからカップホルダーが怖くなったんです」

　悪夢のイメージは継続するが，それを想起させる誘発要因（トリガー）が
変化した，とクライアントは述べている。矛盾提示が見事に奏功した結果で
ある。

　　　　　　支援者：「なるほど。恐怖の対象が変わったのですね［言い
　　　　　　　　　　換え］」
　　クライアント：「そうです。今まで気づきませんでしたが，たしかに
　　　　　　　　　　変わりました」
　　　　　　支援者：「いつ頃変わったか覚えていますか？［開放型探索］」
　　クライアント：「ええっと，息子が痛いと言わなくなった頃ですから
　　　　　　　　　　……11月のはじめです。文化の日の頃でした」
　　　　　　支援者：「文化の日というと11月3日ですね［言い換え］。そ
　　　　　　　　　　の頃はイメージは何回ぐらい起こったのですか？［開
　　　　　　　　　　放型探索］」
　　クライアント：「今と同じです」
　　　　　　支援者：「平日は1日3〜4回，週末は7〜8回ですね［明
　　　　　　　　　　確化］」
　　クライアント：「はい」
　　　　　　支援者：「一番最近イメージが起こったのはいつですか？［開
　　　　　　　　　　放型探索］」

　イメージの初発，トリガーの変化，イメージ喚起の頻度が確認されたので，
見立ては次に直近の体験へと進む。

第4章　クライアントの問題を定義する　　　79

クライアント：「今日ここに来るときです。車に乗ってカップホル
　　　　　　　　　　ダーを見たら，やっぱりイメージが起こりました」
　　　　　支援者：「そうですか，大変でしたね。細々とした質問に詳し
　　　　　　　　　　く答えていただいてありがとうございます。おっ
　　　　　　　　　　しゃったことをできるだけ正確に理解して，精一杯お
　　　　　　　　　　役に立ちたいと思っています［サポートの意思表示］」
　　　クライアント：「そう言っていただいてうれしいです」

　これは第2章で論じた，クライアントに支援の決意を伝えること（pp.45-47）
の一例である。最後は最悪時の体験についての見立てである。例を見てみ
よう。

　　　　　支援者：「最後にもうひとつお聞きしたいのですが，これまで
　　　　　　　　　　で一番ひどかったのはどういったイメージです
　　　　　　　　　　か？［開放型探索］」
　　　クライアント：「（ちょっと考えて）やっぱり昨年10月のことです。
　　　　　　　　　　正直あれは最悪でした（顔をしかめる）」
　　　　　支援者：「一番最初のイメージですか？［明確化］」
　　　クライアント：「はい」

　このやりとりから，このクライアントの場合，最初の体験が最悪であった
ことがわかる。

③問題の評価──誘発要因／鋭敏化／目的性

　〈簡易A−B−Cモデル〉の締めくくりは，問題の誘発要因と鋭敏化の評価
である。問題の引き金となる誘発要因，すなわちトリガーについてはすでに
論じたが，鋭敏化（sensitization）とは，過去の体験により問題とされる行動
や反応が発生しやすくなった状態のことである。たとえば，若年期に受けた

暴行がその後のトラウマ再発を引き起こしやすくするのは鋭敏化の作用による（Breslau, Chilcoat, Kessler et al., 1999）。トラウマ反応以外にも，ストレス，恐怖感，対人過敏，疼痛などにおける鋭敏化が文献には散見される（Dougall, Herberman, Delahanty et al., 2000 ; Koopman, Gore-Felton, Classen et al., 2002 ; Luterek, Harb, Heimberg et al., 2004）。鋭敏化を提示するクライアントには，関連する過去の体験について質問し，その引き金となる要因を探らねばならない。

　具体的には，「不快なイメージに悩まされることは，これ以外の体験にもあったのですか？」と閉鎖型探索を行えばよい。これに「はい，ありました」とクライアントが返答すれば，開放型探索で追求するのである。シンプルな問いかけであるが，過去の類似体験について考えたことのなかったクライアントにとっては，これまで自覚しなかった問題のパターンや誘発要因などについての新しい洞察を得る機会となる。このように鋭敏化の探索は，見立てにおいて重要な役割を果たす。

　誘発要因と鋭敏化に対し，目的性は問題の担う意義に関わる概念である。クライアントは通常，問題のマイナス面のみを強調するが，見立てにおいては，問題にまつわる〈隠れた意図〉についても同時に考慮しなければならない。つまり，問題の解決／未解決がクライアントにとってどのような意味をもつのかを評価するのである。これは後に論じる疾病利得（secondary gain）の概念に類似するが（第5章／pp.96-99），見立ての段階では，問題とされる行動が今後も継続した場合，または逆に中断した場合，それがクライアントにどのような心理的影響を及ぼすのかについて話し合う。目的性がすべての問題に含まれるとは限らないが，含まれている場合でもクライアントは無自覚のことが多い [7]。

　目的性の判断が最も重要になるのは，薬物やインターネットなどへの依存ケースである。こうした場合，依存行動（例：アルコール摂取，インターネット過剰利用など）が不安抑制や任務やタスク（例：家事・社交・宿題など）からの逃避という〈目的〉を果たしていることが多い（Kim, Kim, Lee et al.,

2017)。

　この一例として，最近筆者が診たクライアントは有能なジャーナリストで，新聞社を辞職しフリーとして独立した。ところがそれ以降どうしたことか，記事が全く書けなくなってしまった。数カ月この状態が続き，筆者のもとを訪れたのである。「原稿を書こうとPCに向かうのだが，情報収集に時間がかかってしまい結局書けない」とこぼした。これに対し，「もし情報収集の時間を制限して，ともかく書きはじめたらどうですか？」と尋ねた。これは目的性の評価である。クライアントは，「新聞社の肩書がないので，もし記事を書いても売れないと，自分に才能のないことを認めることになってしまう」と答えた。クライアントはさらに小学生の頃，PTA親子懇談会で教師から「あなたは勉強はよくできるが，実力を発揮できていない」と指摘されたエピソードを思い出した。自分に「才能がない」と気づくことへの不安[8]——これが「記事が書けない」背後にひそむ理由であり，「過度の情報サーチ」が不安の抑制となっていたことがはじめて明確になった。これが見立てによる目的性の洞察例である。再び例に戻ろう。

　　　　支援者：「息子さんが退院したあとに通院していたときは，顔を見るたびにイメージが起こり，その後『痛い』と言わなくなってからは，カップホルダーを見るとイメージが起こることはよくわかりました［要約］。ところで日常生活での不快な体験によって，嫌なイメージがちらつくようなことはありますか？［閉鎖型探索］」

　　クライアント：「そうですね……（数秒考えて）それほどひどくはありませんが，他人から嫌なことを言われたりすると，そのことを後から思い出したりして，そのときのイメージが起こることがあります。くよくよ思い悩むタイプなんです」

これは反芻思考（rumination）についての言及であるが，鋭敏化の一要因と考えてよいだろう。閉鎖型探索に次いで，支援者は開放型探索を続ける。

> 支援者：「差しつかえなければ，ひとつ例を挙げてもらえますか？［開放型探索］」
> クライアント：「えぇ～と，うん，この間スーパーで買い物したときレジに並んでいたら横入りされたんです。前の人とのちょっとした隙間に，知らないおじさんが知らん顔して厚かましく割り込んだんですよ。注意しようと思ったんですが，ついつい言いそびれてしまって……。カチンときたんですが，結局言わずじまいでした。その後は一晩中ずっと不快でした。それに注意できなかった自分が歯がゆくって！」
> 支援者：「横入りした相手だけでなく，自分の態度にイライラした［要約］」
> クライアント：「まさにその通りです！　そのときのイメージが頭にこびりついて，しばらくしたら事故のイメージが湧いてきました」

　以上が〈簡易Ａ－Ｂ－Ｃモデル〉による見立ての例である。改めてクライアントの問題を要約しておこう。昨年8月末に車を運転中，クライアントの息子が運転席の横のカップホルダーに置いてあった熱いコーヒーを膝にこぼして火傷を負った。事故発生から約1カ月後の9月末，痛みに泣き叫ぶ息子のイメージが始まり，以来クライアントは自責の念を感じている。当初から1カ月ほどは運転中に息子の顔を見ることが引き金となり，そのときのイメージが浮かんだが，事故から約2カ月過ぎた11月初旬からは，座席の横に位置するカップホルダーを目にすることによってもイメージが生じるようになり，運転を避けるようになった。発生回数は平日と週末では異なり，平日は1日

3〜4回，週末は2倍近い7〜8回となる。週末に頻繁となるのは運転の機会が増えるためである。クライアントを苦しめるイメージは現在も続いており，直近の体験は見立ての当日に起こった。最悪の体験は初回のイメージ出現時であった。トラウマ体験とは別に，クライアントには反芻思考を起こす傾向が見られ，これは鋭敏化の一要因と推察される。

　では，もしこのケースを医学的見地から診断すればどうなるだろうか。運転中の出来事はクライアントにとってトラウマ体験となった。侵入イメージ（すなわちフラッシュバック）は事故発生から1カ月過ぎて現われ，現在も繰り返されている。こうした症状からPTSDという診断が下され，これによって診断は完了となる。

　これとは対照的に，見立てではPTSDという用語は一切見受けられない。支援者は傾聴スキルと感化スキルの活用によってクライアントの体験に耳を傾け，感情を受け入れ，発言の一つひとつを確認している。このプロセスを通じてトラウマイメージの発生，頻度，体験の把握に努め，問題を特定している。これを出発点として，支援目標の設定へと進むのである。見立てと診断との違いがここに歴然と現われている。

　〈簡易A−B−Cモデル〉は正統な〈A−B−Cモデル〉よりも簡潔であるが，3ステップの習得には訓練が欠かせない。意図的な訓練を繰り返し，可能であればスーパーヴィジョンを受けることも有効であろう。

まとめ

　支援におけるクライアントの問題定義は見立てと呼ばれる。見立ては，クライアントの全体像に照らし合わせて問題を評価し，これに基づいて支援目標を設定する。この点において，医学的な診断とは本質的に異なる。本章では〈簡易A−B−Cモデル〉について詳述した。このモデルは，①現時点での問題の特定，②問題体験の把握（最初／直近／最悪時），③問題の評価（誘

発要因／鋭敏化／目的性），の3ステップから構成され，傾聴スキルを最大限に活用しながら実践する。

註

[1] 折衷理論ではこのような柔軟な立場を強調する（大谷，2004-a，pp.82-85）。

[2] 医師の〈上から目線〉に相当する英語の慣用句は“Doctor knows best（医者は何でも知っている）”である。イギリスの *The Telegraph* 紙は2016年10月27日付の記事でこの問題について報道し，医師が診断し，治療法を決め，患者から同意を得るパターナリズムの時代はもはや過ぎ去ったと論じている（Bodkin, & Donnelly, 2006）。同様に日本の医師・医療従事者向けの医学情報・医療ニュースサイトCareNetは2018年2月7日付で「治療選択肢の提示，“丸投げ”や“強制”になっていませんか？」という記事を掲載し，「（医師は患者に対し）もう少し選択のための丁寧な情報提供が必要ではないか……もちろん，それによって最終的に選ぶのは患者の意思だ」と論じている（山口，2018）。精神科医で犀利なエッセイストとしても著名な中井久夫はこの現象を，「日本の医療は伝統的に，『知らしむべからず，依らしむべし』というところがあった。簡単に言えば『患者はだまってついてこい』という態度だ。これは残念ながら，かなり残っているが，これからはそうもいくまい」と時代に先駆けて予見していた（中井，1987/2012，p.263）。

[3] このような場合，クライアントの許可を得ることが法的に必要となる。

[4] 『カウンセリングテクニック入門』では〈A－B－Cモデル〉を〈問題定義の技法〉として紹介したが，本書における見立てと同じ概念である。

[5] 〈簡易A－B－Cモデル〉を習得すれば，正統な〈A－B－Cモデル〉を学ぶ必要はないのかという質問に対し，筆者は支援スキルを本格的にマスターしたいのであれば，ぜひ正統モデルを訓練するよう推奨している。〈A－B－Cモデル〉本来の複雑なスキルを自由に使いこなせるようになることは，見立てのみならず，支援スキル全体のレベル向上にもつながる。さらに〈簡易A－B－Cモデル〉が十分に機能しない場合でも，正統モデルが活用できるからである。

[6] 英語ではこれを“the first, the last and the worst”と呼ぶ（大谷，2017-a，p.118）。

[7] 行動の目的性（teleology）は特にアドラー心理学で重視される。我々の行動は「目標指向的かつ意図的である（goal-directed and purposeful）」（古庄，2007，p.59）という主張に表れている。目的性の探索はかつて“the question（核心に触れる質問）”と呼ばれ，問題に目的性が認められれば心因性，認められなければ器質性と判断してよ

い，という記述が一世代前のアドラー心理学のテキストに見当たる（Mosak, & Dreikurs, 1973, p.41）。しかしながら行動のモチベーションは時間の経過とともに消失することも知られており，これを機能的自立性（functional autonomy）と呼ぶ（McClelland, 1942）。慢性疼痛などはこれに相当することが多い。したがって問題の目的性は状況によって異なるとみなすのが妥当である。

[8] 第3世代の行動療法（the third wave behavior therapy）のひとつ，メタ認知療法（Meta-cognitive Therapy）では，こうした洞察を単なる認知を超えた〈認知に関する認知〉，すなわちメタ認知（metacognition）としてとらえている（Wells, 2009, p.3）。

第5章

支援目標を設定する
疾病利得／準備レベルの
アセスメント

本章で取り上げるメインテーマ

1．支援目標の設定
　①直接探索
　②客観視による探索
　③ミラクル・クエスチョン
2．疾病利得（セカンダリーゲイン）
3．準備レベル（トランスセオレティカル・チェンジ・モデル）
　①前熟考期
　②熟考期
　③準備期
　④実行期
　⑤維持期
　⑥終結期

　見立てによってクライアントの問題が特定されると，次は支援目標（ゴール）の設定である。いよいよ問題解決の段階となるのだが，クライアントが必ずしも乗り気であるとは限らない。何を目標にすればよいのか？　それは果たして実行可能か？　現状改善に期待する反面，〈予期せぬ〉変化があるの

ではないか？……といった現実的な懸念が募りはじめるからである。目標設定ではこうしたことについてもクライアントと率直に話し合う。本章ではまず支援目標の設定における心得とスキルについて解説し、続いて支援に対するクライアントのモチベーションを反映する2つの要素、すなわち疾病利得と準備レベルのアセスメントについて論じることにする。

支援目標の設定

　前章で考察した見立てと同様、個々のクライアントの支援目標を特定するか否かは、支援者の理論背景および支援の目的によって異なる。行動理論に立脚した目標設定の方法論についてはすでに詳述したので（大谷、2004-a、p.99-104）、本章では筆者が近年実践している目標設定スキルを解説することにする。これに先立ち、まず効率的な目標設定の心得から始めたい。

①効率的な目標設定の心得

　目標設定は支援の〈ゴール〉であり、単なるクライアントの〈期待〉や〈希望〉ではない。**支援者はクライアントの目標達成に必要な援助とサポートを惜しまないように心がける。**これがまず第1の心得である。どのような目標であれ、その達成には紆余曲折があり、セッション外でのコミットメントがクライアントには要求される。支援者は専門家としてのみならず、良き〈理解者〉〈コーチ〉〈相談役〉となりながら、共同作業によってクライアントの目標達成を実現させるのである。

　心得の第2は**現実的な目標を定める**ことである。いくらコミットメントが高くとも、クライアントの状況や能力にそぐわなかったり、危険、無謀、違法であれば、目標としては不適切である。たとえば、運動不足の解消を目標とするクライアントにとって「ジムに通いはじめる」のは現実的であるが、「トライアスロンに参加する」のは（少なくとも短期目標としては）不適切で

ある。

　したがって，**支援目標は具体的な行動を目安にする**。これが第3の心得である。「ジムに通いはじめる」は現実的ではあるが，〈週に何回通うのか？〉〈どのようなエクササイズを行うのか？〉といった具体性に欠ける。これは**クライアントの行動を目安にする**ことによって解決できる。たとえば，〈週に3回，月，水，金曜日に近所のジムに行き，15分筋トレを行う〉と明記するのである。〈週に3回ジムに行く〉〈15分間筋トレを行う〉は具体的な行動の数値化であり，合理的な目標達成のアセスメントが可能となる。

　第4の心得は**目標のプラス表現**である。〈～を実行する〉〈～へ行く〉といった言葉で表現された支援目標は，接近（有益，顕在）ゴール（approach〔salutary, presence〕goals）と称され，〈～を行わない〉〈～に近寄らない〉といったマイナス表現で示された回避（矯正，不在）ゴール（avoidance〔remedial, absence〕goals）よりも高い成果を上げる（Cormier, Nurius, & Osborn, 2016；de Jong, & Miller, 1995；Wollburg, & Braukhaus, 2010）。同様に，〈仕事が終わったらまっすぐ帰宅する〉というゴールは望ましいが，〈帰宅途中でパチンコ屋に寄らない〉といった表現 [1] はふさわしくない。

　心得の第5は**ゴールのランク付け**である。支援目標は大きな概念であり，さまざまなゴールが含まれる。時系列で整理すれば，今後5～10年後の長期目標，ここ2～5年の中期目標，6カ月～1年の短期目標，そして目下直面する問題解決の目標に分類できる。一方，解決に必要とされる時間や労力から，複雑な目標と単純な目標との線引きをすることも可能である。目標設定ではまず現時点での問題に目を向け，将来の目標は後回しにする。同時に複雑な目標は達成しやすいシンプルな目標に細分化する。こうして得られた目標を時間軸に沿って簡単なものから難しいものへとランク付けした目標リストを作成すると，クライアントにとって実践しやすい。虫歯で悩むクライアントにとってはその治療が第一の目標であり，歯列矯正を将来の目標にするのはこのためである [2]。

　最後に6番目の心得として，**目標達成のモチベーションについて評価する**

第5章　支援目標を設定する

ことを指摘しておきたい。心得の第1で説明したように，問題解決を成し遂げるにはクライアントのコミットメントと努力が必要であり，〈ハードワーク〉が要求される（de Jong, & Miller, 1995, pp.730-731）。いくら支援目標が現実性に富み，具体的で，実行可能であっても，クライアントのモチベーションが低ければ無用の長物になってしまう。これゆえクライアントのモチベーション，とりわけそれに影響を及ぼす要因には特別の配慮が必要となる。この要因として，疾病利得，準備レベルの初期段階（pp.99-105），問題解決に対する自己効力感（self-efficacy）の低下，目標達成がもたらす利益やメリットなどが挙げられる。

　支援ゴールに対するモチベーションの重要性について，最近筆者が診たケースをもとに解説しよう。

　クライアントは交通事故がきっかけとなり，以後15年以上にわたり慢性頭痛に悩まされていた。外科手術をはじめ鎮痛剤，代替補完療法（鍼灸，マッサージ，催眠療法など）を試みたが，いずれも効果がなかった。主治医からCBTとマインドフルネスを受けるように言われ，筆者のもとを訪れたのである。支援関係が確立され，見立てによって実際的な支援目標を設定したが，クライアントの態度は終始，曖昧であった。そして最後の段階になり，クライアントはCBTもマインドフルネスも信じないし，実行する意思もないとはじめて胸中を明かした。「疑問はそのままにして，一応試してみてはどうか？」と尋ねたところ，クライアントはこれも拒否した。この段階で支援は傾聴によるクライアントの共感的理解にシフトした。これによって安心したクライアントは慢性頭痛の改善への諦めを吐露し，代わりに慢性疼痛との闘いから生じた抑うつを解消したいと訴えた。筆者はこれを受け入れ，これまで効果のなかった抗うつ剤ではなくTMS（transcranial magnetic stimulation／経頭蓋磁気刺激法）を提案したところ，これに興味を示し承知した。クライアントはその後，自らTMSの最新情報を集め，現在はこのアプローチによる慢性うつ病の治療に励んでいる。

　この事例から，目標設定に対してクライアントが抱くモチベーションの重

要性，さらにクライアントからのインプットに敬意を払うことの意義が理解できるであろう。目標設定に限らず，支援のプロセスは絶えず二人三脚が原則であると筆者が主張する所以である。ちなみにモチベーションが低かったり曖昧だったりするクライアントには，**極限化による探索**が効を奏する。このクライアントに，「もしCBTかマインドフルネスを実行しないと1週間で視力を失い，2週間で聴力がなくなり，3週間後に死亡すると言われたらどうしますか？」と尋ねたところ，「それは仕方ない（So be it）」という答えが返ってきた。長年に及ぶ治療不全から生じた学習性無力感（learned helpless-ness）（Bandura, 1977）と自己効力感（self-efficacy）（Jensen, & Karoly, 1991）の低減がもたらした結果であろう。このプロセスを経て，目標設定から傾聴にシフトしたのである。では，もしクライアントが「それならば実行する」と答えたらどうすべきだろうか。この場合，「ではなぜ疼痛緩和のために何かを実行しないのですか？」という探索を行い，モチベーション向上を図ればよい。筆者はこれを〈エクストリーム・クエスチョン〉と命名し，モチベーションの曖昧なクライアントに適用している。

②支援目標設定のスキル

　支援目標の設定に際し，どのようなスキルを用いるのか。まず第1は，クライアントが何をゴールとみなしているかについての〈直接探索〉である。「何が問題の解決になりますか？」「支援に何を望んでいますか？」「支援のゴールは何ですか？」といった問いかけである。クライアントの返答に対して，傾聴スキルの応用することは言うまでもない。

　第2に，問題の〈客観視による探索〉がある。ゴールの直接探索に対し，クライアントのなかには不安や情動に圧倒されて，〈自分の問題〉に対する問題解決の糸口を見つけられないケースも少なくない。こうした場合，クライアントのケースを〈他人の問題〉や〈過去の問題〉と仮定し，客観的な目標設定を促すのである（Schwartz, & Gottman, 1976）。「もし私があなたの立場にいて問題解決のゴールについて尋ねたら，どのようなアドバイスをします

か？」「もしあなたの友人が同じ問題に直面していたら，どのような解決策があるでしょう？」「タイムマシンに乗って未来に行き，問題解決したときを眺めたら，どんなシーンを想像しますか？」[3] といった問いかけを利用するのである。これは心の理論（the theory of mind : ToM）（Baron-Cohen, Leslie, & Frith, 1985）や視点獲得（perspective taking）（Grant, & Berry, 2011）を活用したアプローチとみなすことができる。

　客観視によるアプローチにはさらに，問題解決に対するクライアントの〈立脚点（orientation）〉を探るというメリットがある。つまり，現実的な支援目標を提案できるクライアントにとっては，〈なぜそれを自分のために実行しない（できない）のか？〉というモチベーションが課題となる。一方，これに対し，支援目標を客観視できず理不尽なアイデアを述べたり，質問に答えられないクライアントには，問題解決に対する浅慮や無頓着，無理解などがネックになっていると考えられる。後者の場合，どういったゴールがあるのか，それぞれのオプションのメリットとデメリットは何か，どのような情報やサポートが必要か，といった情報提供を行いながら目標設定へと導く〈教示的アプローチ（didactic approach）〉が適切となる。

　目標設定のための第3の手法は〈ミラクル・クエスチョン〉である。ミラクル・クエスチョンは，ソリューション・フォーカスト・ブリーフセラピー（Solution-Focused Brief Therapy : SFBT）のテクニックとして，1988年，スティーヴ・ディシェイザー（Steve de Shazer）によって提唱された（de Shazer, 1988）。SFBTは日本でも人気を博しており，森俊夫の著作や青木みのりの研究が知られている（青木，2013；森，2015）。ミラクル・クエスチョンが広まるにつれ，ディシェイザーはその本義を〈質問〉ではなく，「会話を素早く手軽に未来へ変換させ（クライアントが支援を求めることになった）問題がもはや存在しないとすることがねらいであった。つまり〈クエスチョン〉ではなく，**クライアントの返答が重視された**」と述懐している（de Shazer, 2000, p.1［強調・引用者訳］）。要するに〈ミラクル・アンサー〉と呼ぶのが正しいと言うのである。問題が解決した未来の視点に立ちゴール設定を設定する。

これがミラクル・クエスチョン（アンサー）のねらいである。

ミラクル・クエスチョンは〈前置き〉と〈クエスチョン〉の2ステップからなる。前置きでは，今夜ミラクルが生じるとクライアントに告げる［4］。

> 今夜眠っている間にミラクル（奇跡）が起こるとしましょう。相談に来られた問題がどうしたことか解決したというミラクルです。ただし，あなたは眠っていたのでそれに気づきません。明日の朝，そのミラクルがわかるのはどんな変化に気づいたときでしょうか？
> （de Jong, & Miller, 1995, p.731 ［引用者訳］）

前置きの次は，ミラクルを現実的に考えさせるクエスチョン［5］である。「クライアントの関心を問題から引き離し，解決した将来に焦点を当てる」のがねらいであり，次のような問いかけを行う。

> • ミラクルの結果，まず最初に気づくことは何でしょう？
> • あなたの夫人（妻，友人）がミラクルの効果に気づくのは，どういった変化によるものですか？
> • その結果，あなたの夫（妻，友人）はどう振る舞うでしょう？
> • それに対してあなたはどう反応しますか？
> • それによってあなたの家庭環境はどう変わるでしょう？
> （de Jong, & Miller, 1995, p.731 ［引用者訳］）

こうした探索では先述した，現実的かつ具体的な行動をプラス表現で示すことが重要になる。ミラクル・クエスチョンは必ずしも即効するとは限らず，返答に困るクライアントも少なくない。ねらいはあくまでも**問題解決に必要な視点獲得**であり，これをゴール設定に応用するのである。

ここまで解説してきた直接探索，客観視による探索，ミラクル・クエスチョンをこれまでの例に当てはめてみよう。

第5章　支援目標を設定する

支援者：「悩んでおられる問題についてご説明いただきました
　　　　が，解決につながる支援のゴールについてはどうお
　　　　考えですか？［直接探索］」

クライアント：「（少々困惑した表情で）解決ですか……？　正直，
　　　　　　　自分では全く見当がつかず，それでアドバイスをし
　　　　　　　ていただければと思ってやってきました。どうすれ
　　　　　　　ばいいのでしょう？」

支援者：「どうしていいかわからないと余計不安になります
　　　　ね［感情反映］。そこでひとつお聞きしたいのです
　　　　が，もし親友があなたの立場におられてアドバイス
　　　　を求めてきたら，どう答えますか？［客観視による
　　　　探索］」

　支援者はまずクライアントの要望を直接探索でストレートに尋ねた。この
直接探索に対し，クライアントはイメージ想起の不安と心細さでどうしてよ
いかわからないと答えた。この時点で支援者は，まずクライアントの感情を
反映し，これに次いで客観視による探索を行った。

クライアント：「私の親友が尋ねたらですか？（ちょっと考えて）ま
　　　　　　　ず不快なイメージを何とかするようにアドバイスし
　　　　　　　ます。あれが一番大変ですから」

支援者：「なるほど。あのイメージが何とかなれば楽になりま
　　　　すね［言い換え］。ほかに何かありますか？［開放型
　　　　探索］」

クライアント：「あのイメージを引き起こすカップホルダーを見ても
　　　　　　　大丈夫でいられるようになりなさい，と言います」

　自分と同じ条件に置かれた友人に対するクライアントのアドバイスは具体

第Ⅰ部　基礎編

的かつ現実的である。

> 支援者：「カップホルダーとイメージはつながっていますから
> きわめて妥当ですね［要約］。自家用車に乗ってカッ
> プホルダーを見てもリラックスしていられる。こう
> いうことですか？［明確化］」
> クライアント：「はい，そうです」
> 支援者：「なかなか筋の通ったアドバイスですね。（クライア
> ントは笑みを浮かべる）これを自分のゴールとして
> 考えてみてはいかがですか？［開放型探索］」

　ここでは，友人へのアドバイスがクライアント自身にも当てはまるかどう
かという探索を促している。

> クライアント：「いいと思います。ただし車に乗っていないときのイ
> メージはどうすればいいでしょうか？」
> 支援者：「何かの拍子に突然イメージが起こったらということ
> ですか？［明確化］」
> クライアント：「そうです」
> 支援者：「それも大切ですね。車に乗っていないとき，どうい
> うきっかけでイメージが生じるのかをまずはっきり
> させてはどうでしょうか？［閉鎖型探索］」
> クライアント：「それは助かります！」

　支援者はクライアントの懸念を明確にした後，「どういうきっかけでイメー
ジが生じるのかをまずはっきりさせてはどうでしょうか」と閉鎖型探索で尋
ねた。

第5章　支援目標を設定する

支援者：「何かほかに付け加えることはありませんか？［開放型探索］」

クライアント：「そうですね……今のところイメージを何とかできればそれで十分です」

支援者：「わかりました。もし何かほかにアイデアがあれば，いつでも言ってください」

クライアント：「ありがとうございます」

支援者：「では，少しまとめておきましょう。現在一番望んでおられるのは不快なイメージに対してリラックスできるようになること。ひとつは車のカップホルダーを見たとき，もうひとつはそれ以外のときに生じるイメージですが，これについてはいつ，どのようなきっかけで起こるのかを明らかにする［要約］。これで合っていますか？［明確化］」

クライアント：「はい，その通りです」

　以上は不安イメージへの対処という目標設定の一例であるが，支援者はクライアントのフィードバックを尊重し，つねに傾聴によって支持している。支援の進展に伴い，いずれ新しいゴールの設定が必要となるだろうが，その場合も，ここに示した原則とアプローチを活用すればよいのである。

疾病利得（セカンダリーゲイン）

　疾病利得とは元来フロイト（Freud, 1959）が提唱した概念で，心的葛藤が何らかの身体症状に〈転換〉されることによりクライアントの意識から払拭され（プライマリーゲイン），その結果として日常生活や対人関係が好都合となる（セカンダリーゲイン）現象のことをいう。喫煙による体重抑制はこの

典型である。疾病利得は珍しい現象ではないが，自覚するのは難しいことが多い。オランダの研究では，心理治療を受けた167名のクライアントのうち70名（42.2％）に疾病利得に関する言及が確認されたが，それを認めたのはわずか9名（6％）に過ぎなかった（van Egmond, & Kummeling, 2002）。これが果たして無意識の作用によるものか，意図的な詐病（malingering）かという判定は困難である。

　意図的か非意図的かにかかわらず，疾病利得は支援効果のマイナス要因となることから，ゴール設定の段階でクライアントとオープンに論じることが望ましい。支援の成功は現在の生活にどう影響するか？　それによって直面を与儀なくされる〈困難〉や〈支障〉の生じる可能性はあるか？――といったテーマである。筆者が診たケースでは，慢性肥満に関連する疾病利得が印象に残っている。クライアントはダイエットとエクササイズで減量するにあたり，心理援助を求めた。医師が助言したプランは妥当であったが，疾病利得のアセスメントで，2つの懸念が浮かび上がった。ひとつはシェイプアップが成功し，体型がスリムになると所有しているスーツが不要となり，新しいスーツの購入に費用がかかることであり，もうひとつはクライアントの対人関係の変化，特に女性に対して「新しい自分」は対応できるか，という危惧であった。こうした不安が減量というゴールに大きく影響を与えることは想像に難くない。支援において疾病利得の重要性を示すケースである。

　再び例に戻ろう。

　　　　支援者：「目標が決まって私もうれしく思います。ここでひと
　　　　　　　　つ変わった質問をします。恐怖感を伴うイメージを
　　　　　　　　克服できること自体は非常に喜ばしいことですが，
　　　　　　　　それによる予期しなかった影響が考えられるでしょ
　　　　　　　　うか？　悪影響というと言いすぎかもしれませんが，
　　　　　　　　ちょっと参ったなといったことはありますか？［開
　　　　　　　　放型探索］」

第5章　支援目標を設定する

支援者は疾病利得の概念について「予期しなかった影響」という表現を用いてクライアントに尋ねている。さらに「悪影響というと言いすぎかもしれませんが」という言い回しには，「悪影響ではないがそれに近い悪い影響」というニュアンスが込められている。要するに〈言わずして言う〉アプローチである [6]。

クライアント：「イメージを克服することによる影響ですか？（しばらく沈黙）そうですね，強いて言うなら運転回数が増えるようになることぐらいでしょうか」

支援者：「運転回数が増える？［明確化］」

クライアント：「カップホルダーを見て怖いイメージが起こるようになってからは，必要なとき以外，なるべく運転は避けるようにしているんです。週末は忙しいので仕方ありませんが，平日はスーパーへの買い物などもなるべく主人にしてもらうか，主人に運転してもらって一緒に行くようにしています。イメージしてみてリラックスできたらまた運転する機会が増え，忙しくなると思います」

支援者：「なるほど。イメージしてみて問題ではなくなったら，運転回数が増え，時間に追われるようになる［言い換え］」

クライアント：「きっとそうなります」

支援者：「それをどうお考えですか？［開放型探索］」

クライアント：「うれしい悲鳴ですかね（苦笑する）」

支援者：「ちょっと大変になるけれど，それほど悪くもない［言い換え］」

クライアント：「そうです」

支援者：「ほかに何かありますか？［開放型探索］」

クライアント：「(少し考えて) いえ，今のところ思い浮かびません」
　　　支援者：「わかりました。もし何か思いついたり，気づいたり
　　　　　　　したら，いつでも言ってください」

　「うれしい悲鳴」という表現から，このクライアントにとって疾病利得は必ずしも「悪影響」ではないと思われるが，生活が忙しくなることについての自覚が促された。これは第2章で論じた〈近未来の予測〉(pp.44-45) に相当する。

準備レベル

　本章の冒頭で，支援目標の達成にはコミットメントが不可欠であると強調した。これまで論じてきた，支援者の心得，実践スキル，疾病利得（セカンダリーゲイン）の査定は，すべてこのコミットメントを高め，問題解決を促進させる方策である。しかしこうした努力も，クライアントのモチベーションなしには徒労に終わってしまう。そこで支援に対するクライアントのモチベーションの判断が必要となる。これには〈準備レベル〉[7] の識別を行うのが適している。

　準備レベルはジェームス・プロチャスカ（James Prochaska）とカーロ・ディクレメンテ（Carlo DiClemente）によって提唱されたトランスセオレティカル・チェンジ・モデル（Transtheoretical Model of Change : TTM）の意訳である（前田，2018 ; Prochaska, & DiClemente, 1983）。プロチャスカたちは禁煙のプロセスが6段階 [8] に分割できることに着目し，この過程が禁煙のみならず，行動変化全般に共通することを突きとめた（Prochaska et al., 1997）。日本語では「変化ステージモデル」「多理論統合モデル」「行動変容ステージモデル」などと訳されるが，簡単に言うと，**クライアントが支援において示す態度と行動の段階的な記述**である。準備レベルは実践から一般化

第5章　支援目標を設定する

された概念であり，これに支援目標を適合させることにより支援はスムーズに運ぶ。

TTMの6段階は次の通りである。

1. 前熟考期（the precontemplation stage）
   今後6カ月以内に行動変化を起こす意思がない
2. 熟考期 [9]（the contemplation stage）
   今後6カ月以内に行動変化を起こしたいと考える
3. 準備期（the planning stage）
   今後30日以内に行動変化を起こす意思があり，何らかの準備を始めた
4. 実行期（the action stage）
   過去6カ月以内に行動変化を起こした
5. 維持期（the maintenance stage）
   行動変化を起こしてから6カ月以上が過ぎた
6. 終結期（the termination stage）
   行動変化が定着し再発の懸念はない

   （Prochaska, Redding, & Evers, 2008, p.98 [引用者訳]）

　上記の内容から，前熟考期と終結期のレベルでは支援が不要であることが読み取れる。前者に属するクライアントは支援に対して関心を示さず，問題解決へのモチベーションは皆無である。矯正施設や企業などで義務づけられた支援を受けるクライアントに多く見受けられるタイプである。これに対し，後者の終結期のレベルでは問題がすでに解決しており，援助はもはや無用となるからである。あえて支援目標を設定するとすれば，支援利得について自覚を促し熟考期への進展を図る（前熟考期），および問題の再発に際しては躊躇せずにコンタクトを取るように指示する（終結期）ことぐらいであろう。

　準備レベルの「2. 熟考期」から「5. 維持期」では，支援へのモチベーショ

ンは等しく見られるが，内容はそれぞれのレベルによって異なる。**準備レベルを無視した支援目標はクライアントにとって非現実的なものとなり，目標達成へのモチベーションを崩すことにつながりやすい。**いわゆる，〈計画倒れ〉の原因となるのである。この結果，支援は失敗に終わり，クライアントの〈抵抗〉を示すものだといったような誤解を招くことにもなりかねない。こうしたことを避けるためにも支援目標はクライアントの準備レベルに整合させねばならない。以下，具体的に解説しよう。

　まず熟考期レベルのクライアントの場合，行動変化に関心はあるが半信半疑である，決心がつかない，具体的にどうしたらよいかわからない，などといった状況が考えられる。そのため，**クライアントの意思決定を促進させる**ことがねらいとなる。同時に**現実的で具体的な支援目標を指摘する**ことも効果的である。クライアントの現状を傾聴しながら，支援の概念について話し合い，その達成に伴う利益と疾病利得，クライアントの疑問を解消させるための情報提供を行うのである。これが達成されると，クライアントは次の準備期へと進む。

　準備期では，支援を可能にするための積極的な情報収集に焦点を絞る。単に支援者からのインプットだけでなく，**クライアント自らが支援に必要かつ有意義な情報を集める**ことも奨励する。たとえば文献に目を通す，サポート団体にコンタクトを取る，インターネットで検索する，といった行動である。こうした〈自助〉活動は支援に対するクライアントのコミットメントとモチベーションを高めるのに役立つ。

　続く実行期に入ると，クライアントはいよいよ支援目標として「**特定された，顕著なライフスタイル変化を実践する**」（Prochaska, Redding, & Evers, 2008, p.100）ことになる。実際の行動変化にトライするのである。クライアントはゴール達成に向けての活動に携わり，支援者と語り合う。支援目標の実践と追及についてどう感じるか？　周囲から反応はあったか／どのようなものか？　予期しなかったこと／疾病利得に気づいたか？——などの話題に焦点を当てるのである。支援者はクライアントの反応によって支援目標を調

整することもあれば，クライアントの発言に慎重に耳を傾け，目標達成への
コミットメントを支持することもある [10]。一方，支援目標に向けた実践に
対してモチベーションが湧かないとこぼすクライアントに対し，筆者は「た
だ実行しなさい（Just do it）」と答えることもある。新しいアプリの習得や習
い事の上達と同様，支援の達成は時間を要し，繰り返しが絶対条件となるこ
とを念押しするのである。行動（アクション）が支援目標達成へのモチベー
ションを養うことをクライアントは実感せねばならない。

　実行期は最長6カ月間にわたるが，これが完了すると維持期に入る。支援
目標が達成されたとはいえ，問題再発の可能性は依然否定できない。維持期
の期間は「6カ月以上」と記されているが，行動変化が習慣となるには長い
場合，5年ほど要することもあるとプロチャスカたちは述べている（Prochaska,
Redding, & Evers, 2008, p.100）。にわかには信じ難いが，禁煙1年間以上の成
功率がわずか15％に過ぎないというデータがこれを裏づけている（Osler, &
Prescott, 1998）[11]。もちろん禁煙以外の領域での成功率はこれより高いで
あろう。要は**達成されたゴールが定着し，再発の懸念がもはや存在しないこ**
とが維持期の主旨なのである。クライアントは新しい生活習慣，対人関係，
自己のイメージに馴染み，ゴールを継続してゆく自信，すなわち自己効力感
（self-efficacy）を身につける。仏教学者の田上太秀は，教育において〈学び，
馴れ，なり切る〉プロセスの価値を力説しているが（田上，2000, p.237），
これは〈実行期，維持期，終結期〉の準備レベルに呼応する。支援目標を達
成し，変化に慣れ，それが通常となってようやく支援終了（終了期）となる
のである。

　準備レベルは，支援に対するクライアントのニーズを段階分類し，それに
適した目標の設定に役立つが，**支援が難航したときの手がかり**となる。援助
プロセスが円滑に進まず停滞することは，対人援助において決して珍しいこ
とではない。これはクライアントが特定の準備レベルで横ばい状態を続け，
次のレベルに進展できないでいるからだと解釈できる。原因（例：不安，家
族・対人関係，生活環境，疾病利得など）を探り，膠着状態を打破すること

が解決につながるのである。

　準備レベルを活用した一例を挙げると，筆者が診たあるクライアントは長年連れ添った妻を亡くし，それが引き金となってうつ状態に陥っていた。死別から約1年後に支援を求め，気分と体調は順調に回復したが，社交面では一向に改善が見られず，一種の「引きこもり」状態が続いていた。クライアントも対人関係の重要性を認識し，スケジュールと趣味に合わせてさまざまな計画を立てたが，ことごとく失敗に終わった。このような状況は支援に対するクライアントの「抵抗」などと誤解されやすいが [12]，準備レベルの視点からは準備期から実行期への転換不全とみなすことができる。支援開始後2カ月半の段階で [13]，この問題をテーマに話し合ったところ，クライアントは友人たちと外出して陽気になることは「亡妻に対する裏切り」であり，さらに友人グループの女性たちと一緒に食事に出かけることは「不倫」であると感じている自分に気づいた。この論議のあとクライアントは再び活発な社交生活が送れるようになった。やがてうつ症状は消失し，現在に至っている。準備レベルを指針にしたアプローチが奏功した好例である。

　これまで紹介してきたクライアントの例に準備レベルのモデルを当てはめると，クライアントはトラウマ体験に基づく恐怖感を伴うイメージを訴え，支援者のもとを訪れたことから，典型的な準備期の行動であると言えよう。目標設定の立場からは不安イメージの緩和と除去を支援目標として設定するのが適切であるが，これは次の実行期のタスクである。

　これを念頭に置き，準備レベルにおける目標設定の例を掲げておこう。

　　　　支援者：「支援目標をまとめると，車のカップホルダーを見て
　　　　　　　　もリラックスしていられる，日常生活一般でイメー
　　　　　　　　ジが起こるきっかけを特定する，という2つですね
　　　　　　　　［要約］」
　　クライアント：「はい，そうです」
　　　　支援者：「まず2番目のゴールですが，今日から次回の面接ま

で，カップホルダーを見たとき以外にイメージが起こったらメモしていただけますか？　スマホのノート機能にいつ，どこで生じたか，きっかけは何だったかを記録してください［情報提供］」

クライアント：「いつ，どこで，何がきっかけとなったかについてメモするのですね」

支援者：「そうです。きっかけについては周囲の出来事だけでなく，考えや感情についても注意を払ってください。要するに内と外の要因を見つけるのです［情報提供］」

クライアント：「わかりました」

支援者：「次にイメージが出たときにリラックスする方法についてですが，これにはPMRという身体をリラックスさせる方法と，マインドフルネスという呼吸に意識を向ける方法の2通りがあります。両方とも効果が確認されており，イメージのコーピングに適しています［情報提供］」

クライアント：「PMRとマインドフルネスですね。（ちょっと沈黙する）先生はどちらのほうがいいと思いますか？」

支援者：「そうですね。テクニックとしては甲乙付けがたいので，最終的には個人の好みだと思います。インターネットで検索されたらどうでしょう。ただし，ちょっと怪しげな情報もあるので，次の機会に詳しく話し合いませんか？　よろしければデモンストレーションを行うこともできますよ［情報提供］」

クライアント：「ぜひそうしたいと思います！」

　これが準備期におけるやりとりの一例である。「今後30日以内に行動変化を起こす意思があり，何らかの準備を始めた」という定義に適っている。支

104　　　　　第Ⅰ部　基礎編

援者は一方的にリラクセーションの方法を決めるのではなく，クライアントの自主的な意思決定を促す情報提供を行いつつ，エビデンスについても触れている。こうした対話による共同作業の結果としてクライアントのコミットメントが高まり，これに続く実行期，さらには維持期へと進めてゆき，支援目標の達成へと至るのである。

まとめ

　支援目標の設定には幅広いテクニックが活用される。支援目標にはコミットメントが必要であり，クライアントのモチベーションを高めることが重要である。設定に際しては，現実的，具体的，肯定的な表現が効果的である。技法的には，単に「支援目標は何か」と尋ねるのではなく，客観視したり，ミラクル・クエスチョンを利用することも有効である。同時に目標達成に伴うマイナス面，すなわち疾病利得のアセスメントも忘れてはならない。こうした要素を考慮しつつ，クライアントの準備レベルに合わせた目標を選択するのが望ましい。

註
[1]認知心理学の見地からは，ゴールに〈パチンコ屋〉という表現を挿入すること自体が〈パチンコ屋〉にいっそう注意を払わせることにつながるプライミング効果（priming effects）（Merikle, Smilek, & Eastwood, 2001）や，〈パチンコ屋に寄らない〉という思考が逆説的に影響するという皮肉過程（ironic processes）（Wegner, 1997）による説明が可能である。
[2]心理障害支援ではまず症状安定を図り，それから障害にまつわる課題（原因，性格要因，トラウマ体験など）へと進めるのが原則である。PTSDなどのトラウマ治療ではこのアプローチを段階的心理療法（the phase-oriented psychotherapy）と呼ぶ（Herman, 1999；大谷，2017-a）。

［3］森俊夫はこれをミラクル・クエスチョンのバリエーションとして紹介している（森, 2015, pp.113-115）。

［4］ミラクル・クエスチョンの少々長い別バージョンは，森（2015, p.87）に記されている。

［5］サテライト・クエスチョン（satellite questions）と呼ばれる。

［6］この例に見られるような，極端に言及してからそれを否定するという〈打ち消し〉のテクニックは，催眠療法で頻繁に活用される（高石・大谷，2012）。第2章・註18を参照されたい。

［7］準備レベルは〈変容ステージ〉として大谷（2017-a, pp.69-71）でも概要を記した。

［8］初期のTTM理論は〈前熟考期〉から〈維持期〉までの5段階であったが，ここで引用した2008年以降の論文では〈終結期〉を含む6段階となっている。

［9］前熟考期と熟考期は，それぞれ無関心期ないし関心期と訳されることもある。

［10］米国で実践する筆者はこのレベルのクライアントに，「私はあなたのセコンドですよ（I am in your corner）」と伝えることにしている。〈セコンド〉とはボクシング用語で，リングコーナーに待機し，各ラウンド終了ごとにボクサーに話しかけ，体調を確かめ，勇気づける人物を指す。これに類似した，クライアントへのサポートを示す英語表現は第2章・註3に記した。

［11］これを揶揄したジョークに，「禁煙なんて簡単なものさ。これまでに千回はやったよ（It's easy to quit smoking. I've done it a thousand times）」がある。米国人コメディアンで作家でもあったW・C・フィールズ（W. C. Fields）（1880-1946）が言ったとされる。

［12］抵抗の理論と分類，扱い方のテクニックについてはOtani（1989-a, 1989-b）で論じた。

［13］DSMによる診断の観点からは，「死別関連（適応）障害」から「複雑性悲嘆」への変化とみなすことができる。

第**II**部
実践編

第6章

対人関係を評価する
3種類の対人関係アセスメントスキル

本章で取り上げるメインテーマ

1. 対人関係のアセスメントの定義
2. 基本的対人態度（カレン・ホーナイ）
   ①服従型
   ②敵対型
   ③離人型
3. 対人円環モデル（ティモシー・リアリー）
4. 社会行動構造分析（SASB）（ローナ・ベンジャミン）
   ①対人補完関係
   ②支援におけるSASBの活用

対人関係のアセスメントの定義

　支援においてクライアントの対人関係のアセスメントと理解は重要な情報となる。ただしここで言う〈対人関係〉とは，誰それと仲が良い（悪い）といった交流関係ではなく，**クライアントの対人スタイル，およびそれに影響を及ぼす要素**を指す。対人関係に悪影響を及ぼす心理要因については精神分析家のハリー・S・サリヴァン（Harry S. Sullivan）が早くから注目しており，

パラタクシス歪曲（parataxic distortion）と命名した（Sullivan, 1953）。彼が対人関係学派の精神分析家と呼ばれる所以である。その後，ジェラルド・クラーマン（Gerald Klerman）とマーナ・ワイスマン（Myrna Weissman）たちは，対人理論に愛着理論を融合させた対人関係心理療法（Interpersonal Psychotherapy）を提唱し（Klerman, Weissman, Rounsaville et al., 1984），うつ病をはじめとして摂食障害などにも適用され（Fairburn, Jones, Peveler et al., 1993），〈実証的に支持された介入法（Empirically Supported Therapies : EST）〉として確立した。一方，行動療法領域ではアーノルド・ラザラス（Arnold Lazarus）が，マルチモード・アプローチで用いるアセスメント手法"BASIC-ID [1]"の一要素として対人関係を挙げている（Lazarus, 1999）。

　対人関係のアセスメントが支援において有益となるのは**クライアントの性格が反映される**からである。サリヴァンに至っては性格を「人生を特徴づける，比較的安定して繰り返される対人状況」と定義づけ，両者を同一視した（Sullivan, 1953, pp.110-111 ［引用者訳］）。境界性パーソナリティ障害などパーソナリティ障害の研究で著名なマイケル・ストーン（Michael Stone）は性格について次のように述べ，対人関係を強調している。

　　個性的，特徴的，継続的に展開される様式のことで，これによって
　　個人の感情，しぐさ，行動が周囲の人物に伝達される。

（Stone, 1993, p.6 ［引用者訳］）

基本的対人態度

　こうしたなか，サリヴァンに先立ち，クライアントの対人パターンを性格に関連づけて分析したのはカレン・ホーナイ（Karen Horney）[2] であった。ホーナイは人格形成における文化環境条件を重視し，社会的観点に立脚する点においてサリヴァンと軌を一にするが，特に対人関係が心的葛藤の解決策

として用いられることに注目した。要するに，クライアントの性格は人間関係の不協和にどう対処するかによって判定できる，という主張である。これには，①服従型（the "moving toward people" type），②敵対型（the "moving against people" type），③離人型（the "moving away from people" type）という3種類があり，総じて〈基本的対人態度（a basic attitude toward others）〉と呼ばれる（Horney, 1945, pp.48-95）[3]。各々のタイプに関するホーナイの論考をまとめておこう。

①服従型
服従型 [4] は，自己主張が苦手なタイプで他人から嫌われることを恐れ，〈ノーと言えない〉ことから相手に**取り入り（moving toward）**，〈好かれる〉ことによって対人葛藤を処理しようとする。ホーナイ自身は次のように述べている。

> 服従型は，人から好かれ，必要とされ，求められ，愛されること，受け入れられ，歓迎され，認められ，高く評価されること，ある特定の人物の目に適い，重要とみなされること，この人物によって助けられ，守られ，世話を受け，導いてもらうことを願う。
>
> （Horney, 1945, p.51［引用者訳］）

俗に言う〈機嫌取り〉や〈八方美人（the Pleaser）〉はこのタイプである [5]（Goldstine, Larner, Zuckerman et al., 1977）。

②敵対型
相手に好感を与えることによって葛藤を回避しようとする服従型とは対照的に，敵対型は〈上から目線〉で相手に接し，**屈服させて（moving against）**解決を図ろうとする。このタイプのクライアントは〈弱肉強食〉，すなわちこの世は強者が支配し，弱者は淘汰される運命にある，という価値観で行動す

第6章　対人関係を評価する　　111

る。つまり勝者となることによってのみ満足できるのである。対人関係では他人を〈もの〉とみなし（物体化），共感能力に乏しく，自己の目的達成のためには手段を選ばず，他人を利用することもはばからない（マキャヴェリズム）。敵対型は議論などにおいては反対意見を尊重できず，相手を言い負かそうとし，自己の主張が通らないと怒りをあらわにする。要するに〈理屈っぽく，けんか腰で負けず嫌い（argumentative, quarrelsome and competitive）〉という対人スタイルである（Horney, 1945, pp.64-66）。

③離人型

　ホーナイが提唱した葛藤回避の3番目の対人パターンは，他人から**距離を置く**（moving away from）〈離人型〉である。他人との関わりを必要とせず，友人関係も限られ，孤独を好む，いわゆる〈目立たない性格〉と考えるとわかりやすいであろう。離人型は周囲との間に（心理的な）壁を築くことによって安全を確保し [6]，ホテルに宿泊すると決まって「起こさないでください（Please do not disturb）」というサイン札をドアに掛ける，といった具体的な例をホーナイは挙げている。この〈相手を近づけない〉自己防御スタイルは，単に他人だけでなく，さらに自己の内部に潜む葛藤からも身を守る意味をもつとホーナイは分析している（Horney, 1945, p.76）。服従型が他人から〈愛情〉を求め，敵対型が〈支配〉を願うのに対し，離人型は他人および対人関係を〈拒否〉するのが特徴である（Horney, 1945, p.81, 95）。

　ホーナイが提案した服従型，敵対型，離人型という3種の基本的対人態度は，クライアントの対人パターンを把握する手段となるだけではなく，パーソナリティ障害と関連することが最近になって判明した（Coolidge, Moor, Yamazaki et al., 2001）。近年のパーソナリティ障害研究は，クライアントの対人パターン分析から派生したと言っても過言ではない。

対人円環モデル

　ホーナイの貢献もさることながら，対人関係と性格，およびアセスメントとの関連に最も貢献したのはティモシー・リアリー（Timothy Leary）である（Leary, 1957）。彼は対人関係と性格との関連機能および構造について，対人円環モデル（the Interpersonal Circumplex Model）と呼ばれる画期的な数理方法論によって定量分析を行い，結果を *Interpersonal diagnosis of personality : A functional theory and methodology for personality evaluation*（『性格の対人診断──性格評定の機能的理論および方法論』）と題した著書にまとめた [7]。この大著は現在アメリカ心理学の古典となり，性格診断学のみならず，対人関係を活用する心理療法もすべてこれを基盤にしている（Horowitz, & Strack, 2010 ; Kiesler, 1996）。

　斬新かつ深遠なリアリー学説の全貌は原著に委ねるほかないが，あえて骨子を述べるとすれば，①すべての対人関係は〈親和－嫌悪（love *vs.* hate）〉と〈支配－従順（dominance *vs.* submission）〉との座標軸から構成される円環の枠組みに当てはまり [8]，②個人の性格特性はこのモデルによって説明できる，と要約できる（図1）。

　対人円環モデルを具体的に説明するため，これを基本的対人態度に適用してみよう。人懐っこく（親和），他人の指示に素直に従う，ホーナイ理論の〈服従型〉は，円環モデルの〈親和－従順〉に適合する（Wilson, Stroud, & Durbin, 2017）。パーソナリティ障害との相関に関しては *DSM-5*（*Diagnostic and statistical manual of mental disorders, 5th edition* 『精神障害の診断と統計マニュアル 第5版』）の依存性パーソナリティ障害に近い。なかでも「他人に反対することができず，サポートや賛同を失うことを恐れる（基準3）」「他人からのサポートと恩恵を受けるためには何事も辞さず，嫌なことにも志願することがある（基準5）」といった診断基準は的を射ている（APA, 2013, p.675 ［引用者訳］）。つまり，服従型のクライアントは依存性パーソナリティ

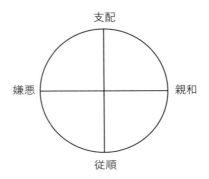

図1 ティモシー・リアリーの対人円環モデル

障害に類似した性格をもち，他者に対して〈親和−従順〉のパターンを示す人物とみなすことができる（図2）。

次にホーナイ理論の〈敵対型〉を見てみよう。〈勝つためには手段を選ばない〉〈共感に乏しい〉というホーナイの記述は対人円環モデルの〈支配−嫌悪〉に対応する。さらに DSM-5 の「（自己の目的達成のために）他人を利用する（基準6）」「共感に欠ける——他者のニーズや感情を汲み取ったり，認識しようとしない（基準7）」「傲慢で横柄な態度，行動を示す（基準9）」（APA, 2013, p.670［引用者訳］）などの対人パターンを特徴とする自己愛性パーソナリティ障害に相当する（図3）。〈上から目線〉で他者を見つめ，〈けんか腰〉の敵対型の態度は〈支配−嫌悪〉を表わしているのである。

ここで注目されるのは〈嫌悪−支配〉と〈親和−従順〉とが円環モデル上では真逆に位置することである。つまり敵対型と服従型とは正反対の対人パターンであり，前者は他人を利用し，後者は利用される傾向の強いことを対人円環モデルは明らかにしている（図3）。

ホーナイが記した3番目の基本的対人態度である〈離人型〉は〈猜疑的，不愛想，疎遠〉な特質を内包するが，これを他人には直接顕示しないことから，対人円環モデルでは〈嫌悪−従順〉の対人パターンに対応するとみなすのが

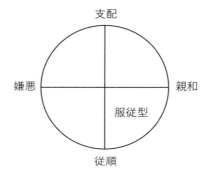

図2　対人円環モデルから見た〈服従型〉

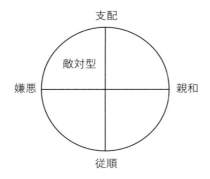

図3　対人円環モデルから見た〈敵対型〉

妥当であろう（図4）（Wilson, Stroud, & Durbin, 2017, p.680）。*DSM-5*のカテゴリーではスキゾイドパーソナリティ障害，もしくは回避性パーソナリティ障害に相当する。いずれも他人とのコンタクトを避け孤独に過ごすタイプであるが，前者が〈親密な対人関係を望まず，楽しまない〉のに対し，後者は〈他者から侮られたり，からかわれたりすることを恐れて親密な関係に溶け込めない〉という点において異なる（APA, 2013, p.653, 673［引用者訳］）。ホーナイ理論ではスキゾイドと回避性との線引きは明確にされておらず，代わり

図4 対人円環モデルから見た〈離人型〉

にプライバシーと自己充足（self-sufficiency）の追求，見せかけ（superficial）の対人関係という特徴が強調されている（Horney, 1945, pp.75-77）。〈嫌悪〉と〈従順〉とが重なり合うと，こうした対人スタイルが生じることを対人円環モデルは明らかにしているのである。

　以上の検証から，ホーナイが提唱した3種の基本的対人態度は現在のパーソナリティ障害に相当する概念であり，それぞれ対人円環モデルの〈親和－嫌悪〉と〈支配－従順〉の座標軸によって分類できることがわかる。

　対人円環モデルは対人関係のアセスメントと支援にとって画期的なツールであり，次に述べるローナ・ベンジャミン（Lorna Benjamin）の社会行動構造分析（Structual Analysis of Social Behavior : SASB）はこれを最大限に活用したアプローチである。

社会行動構造分析（SASB）

　ローナ・ベンジャミン［9］のSASBも対人円環モデルを踏襲しており，横軸が〈親和－嫌悪（love *vs.* hate）〉と同一であるのに対し，縦軸が〈支配－従順〉ではなく〈離反－もつれ（differentiate *vs.* enmesh）〉［10］となっている点において，リアリーのモデルとは微妙に異なる。またホーナイが対人関係という観点から恒常的（static）な性格特性の記述を試みたのに対し，SASBは力動的（dynamic）な人間関係の分析を試みるため，以下に解説する対人補完関係（interpersonal complementarity）という概念を導入している。

①対人補完関係

　我々は誰かから褒められたら感謝するが，反対に侮辱されたら憤慨する。もちろん時と場合によって違った反応も起こりうるが，〈褒める－感謝する〉〈侮辱する－憤慨する〉というパターンは比較的安定している。これは〈褒める〉〈侮辱する〉といった行為がそれぞれ〈感謝する〉〈憤慨する〉という反応を引き起こすためだと考えられる。SASB理論ではこのように対（ペア）として生じる相互関係を**対人補完関係**（もしくは単に補完関係）と呼ぶ。厳密には，**発信者Aの対人行為と，予期される受信者Bの反応の組み合わせ**である［11］。対人補完関係は単なる情報交換（コミュニケーション）ではなく，発信者と受信者の関係性を規定するパターンであり，メタメッセージが大きく作用する（メタメッセージが支援者とクライアントの両者に影響することは第1章で詳述した（pp.23-26））。

　SASBでは対人補完関係を2つの座標軸によって表記する（図5）。縦軸は対人関係の接近度（proximity）を表わし，〈離反〉から〈もつれ〉までが含まれる。他方，横軸は親密度（friendliness）を表わし，右端の〈親和（*love*）〉から左端の〈嫌悪（*hate*）〉までが含まれる。共に両者の交差する中心点から軸の先端に向かうほど特性が顕著となる。

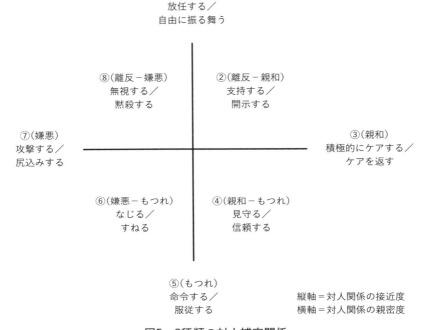

図5　8種類の対人補完関係
(Benjamin (1996, p.55) を一部修正)

　これら縦軸と横軸に加えて，両者を組み合わせた〈ハイブリッド〉の補完関係（離反－親和，離反－嫌悪，親和－もつれ，嫌悪－もつれ）の4種を加え [12]，合計8種類の対人補完関係が提示されている。

　図5に示した8種類の項目はいずれも，「①関係の種類（（　）内に示したもの）＋②発信者の行為（／の前に示したもの）＋③受信者の反応（／の後に示したもの」で組み合わされている。なお，これらはいずれも**見出し語の役割を果たしており，見出し語に関連する行為も含まれる。そのため文字通りの狭義に解釈してはならない。**たとえば〈離反〉という概念の見出し語で

ある〈放任する〉には〈放ったらかす，見放す，傍観する，自由にさせる，好きにさせる，口出ししない，制限しない，無関心でいる，干渉しない〉といった行為も含まれる [13]。

　以下，8種類の対人補完関係の基礎概念と対人行動の類似表現をベンジャミンの論述に従って縦軸の頂点から右回りに順次解説しよう（Benjamin, 1996, p.388）。図5を参照しながら説明を追ってほしい。

　①離反（放任する／自由に振る舞う）
　基礎概念：発信者（以下，A）は受信者（以下，B）に干渉せず，Bは自分の好き勝手に振る舞う。
　A：〈放任する〉放ったらかす，見放す，傍観する，自由にさせる，好きにさせる，口出ししない，制限しない，無関心でいる，干渉しない，など。
　B：〈自由に振る舞う〉好き勝手にする，したい放題にする，気にしない，気ままに行動する，離れる，自己の信条に従う，他人行儀に振る舞う，縁を切る，逃げ出す，など。

　〈離反〉とは，AはBに干渉せず，Bは勝手気ままに振る舞うという補完関係である。子どもをしつけず，放ったらかしにする親と，あたり構わず好き放題に振る舞う子どものパターンはこの典型である [14]。組織や学校での休憩時間に上役や教師が関与せず，社員や生徒が自由に振る舞うのもこれに相当する。

　②離反－親和（支持する／開示する）
　基礎概念：AはBの主体性を尊重し，BはAに自己の考えや体験をシェアする。
　A：〈支持する〉応援する，サポートする，理解を示す，援助する，共感する，励ます，力になる，元気づける，など。

第6章　対人関係を評価する　　119

B：〈開示する〉本心を語る，胸襟を開く，心情を吐露する，心配事
を打ち明ける，秘密を明かす，真相を告白する，真実を告げる，
など。

　〈支持する〉という行為は，〈放任する〉と〈積極的にケアする〉という2つの対人要素を反映する。Aは自分の主張をBに押しつけず（放任），思いやりを示し（積極的なケア），これに対してBはAに心情を打ち明ける（開示）。AによるBの意思尊重と後押し（支持）が，Bの胸の内を明かす〈開示〉につながるのである。これは支援関係の原則であり，また支援者の社会影響力を高めることにつながる（第1章／pp.22-23）。

　③親和（積極的にケアする／ケアを返す）
　基礎概念：AはBに親しく友好的に振る舞い，BもAと仲良くする。
　A：〈積極的にケアする〉好意を示す，配慮する，気を配る，思いや
り，いたわる，慈しむ，親身になる，親切にする，など。
　B：〈ケアを返す〉感謝する，付き合う，恩返しする，仲良くする，
孝行する，敬意を払う，借りを返す，など。

　〈親和〉は，AがBに思いやりを示したり，いたわったりするなど〈積極的にケアする〉。これに対しBも同じように振る舞い，Aに〈ケアを返す〉，親しく仲の良い友人関係を示す。
　良好な対人関係はすべて〈親和〉を前提とするが，先に論じた〈離反〉が重なると〈支持する－開示する〉へと変化する。同様に，〈親和〉に〈もつれ〉の要因が加わると，次に示すように違った補完関係が生まれる。

　④親和－もつれ（見守る／信頼する）
　基礎概念：AはBを世話し，BはAに頼る。
　A：〈見守る〉いたわる，世話する，かばう，保護する，慰める，目

120　　　　　　　　　　第Ⅱ部　実践編

をかける，面倒をみる，可愛がる，愛護する，バックアップする，など。

B：〈信頼する〉信用する，頼りにする，任せる，賛成する，委ねる，了承する，一任する，世話になる，忠実に従う，など。

　横軸の〈親和〉に縦軸の〈もつれ〉がかけあわされると，AはBに対して世話をしたりという〈見守る〉態度を取る。これに応じてBがAを〈信頼する〉ことによって補完関係が確立する。いわば，恩師－弟子，先輩－後輩の関係である［15］。しかし〈命令〉要素が過度になれば〈過保護〉となり，Bの反発によって補完関係も崩壊しうる。

　支援の場面で支援者がアドバイスを与え，クライアントがそれを実行するのは，このパターンに当たる。とはいえ，こうした行為が過度になると，クライアントは支援者に依存するかもしれない。また，助言が奏功しなかった場合，不満を助長することにもなりかねないため注意が必要である（第3章／pp.60-62参照）。

　⑤もつれ（命令する／服従する）
　基礎概念：AはBに指令を与え，Bはそれに従う。
　A：〈命令する〉牛耳る，コントロールする，制する，抑える，注文をつける，圧力をかける，介入する，注文をつける，ごり押しする，無理強いする，など。
　B：〈服従する〉従う，歩調を合わせる，屈する，言いなりになる，譲歩する，追従する，自分を抑える，譲歩する，媚びる，逆らわない，など。

　〈離反〉と対極にある〈もつれ〉の対人補完関係は〈命令する／服従する〉である。いわゆる親分－子分，ワンマン上司と部下の関係を思い浮かべるとよい。同じように企業やスポーツチームなどの（カリスマ的）リーダーや監

督と，彼（女）を慕う社員や選手との関係もこのパターンに属する［16］。A
はBを〈見守る〉のではなく，自己の目的達成のためにBに〈命令する〉。そ
してBはAに逆らうことができずに〈服従する〉。このルールを破ると補完関
係は崩れる。

　⑥嫌悪－もつれ（なじる／すねる）
　基本概念：AはBの非を責め立て，Bは嫌々それを受け入れる。
　A：〈なじる〉責める，文句を言う，言いがかりをつける，いびる，
　　　詰め寄る，愚痴をこぼす，嫌みを言う，ケチをつける，など。
　B：〈すねる〉ふて腐れる，むっとする，いじける，愚ずる，へそを
　　　曲げる，駄々をこねる，不服を言う，ふくれっ面をする，居直
　　　る，など。

　〈もつれ〉が〈嫌悪〉と重なると〈なじる／すねる〉となる。〈もつれ〉と
〈親和〉が組み合わさると〈見守る／信頼する〉というプラスの補完関係にな
るが，〈もつれ〉と〈嫌悪〉の組み合わせはマイナスのパターンとなる。不仲
のカップルが「コミュニケーション問題」と称して支援を求める場合，大半
がこの補完関係を示す。また親子関係のトラブルでも頻繁に見られることは
想像に難くないであろう。

　⑦嫌悪（攻撃する／尻込みする）
　基本概念：AはBを傷つけようと攻撃し，Bは逃げようとする。
　A：〈攻撃する〉襲う，暴力をふるう，嫌がらせする，暴言を吐く，
　　　殴る，蹴る，いじめる，虐待する［17］，苦しめる，なぶる，など。
　B：〈尻込みする〉萎縮する，後ずさりする，威圧される，震えあが
　　　る，相手の好きなようにさせる，逃げる，腰を抜かす，恐れお
　　　ののく，など。

〈嫌悪〉の補完関係では，AはBに身体もしくは言葉の暴力をふるい，Bは
それを回避しようとする。しかし圧倒されて暴力を受けたり，心理的な解離
を体験することも少なくない。あらゆるタイプのいじめや暴力行為，それに
圧倒される補完関係はこのパターンに属する［18］。

⑧離反－嫌悪（無視する／黙殺する）
基本概念：AはBに冷たい態度を示し，Bはそれを無視する。
A：〈無視する〉相手にしない，耳を貸さない，眉をひそめる，あざ
　　ける，一笑に付す，スルーする，視線を避ける，背を向ける，シ
　　カトする，など。
B：〈黙殺する〉近寄らない，寄せつけない，寄りつかない，見向き
　　もしない，煙たがる，よそよそしくする，嫌う，気にかけない，
　　敬遠する，疎遠にする，など。

〈嫌悪〉と〈離反〉が組み合わさったパターンは〈無視する／黙殺する〉で
ある。これは〈無視する〉という行為が単に相手に背を向け〈放任する〉だ
けではなく，悪意や敵対感を示し〈攻撃する〉ことを意味する。相手に無視
されることが不快に感じられ，我々の心を傷つけるのはこのためである。〈黙
殺する〉はこれに対する防御行為であり，〈無視する〉行為との補完関係にな
る。ホーナイが〈離人型〉と称したパターンに相当する。

以上，簡略な説明を加えたが，SASBは包括的な対人アセスメントと支援
のシステムであり，理解と習得には時間を要する。全体像の把握は困難であ
ろうが，支援においてきわめて有益かつ便利なツールであり，読者にとって
少しでも手引きとなることを願いたい（Benjamin, 1974）。

第6章　対人関係を評価する　　123

②支援におけるSASBの活用

ここまでSASBの基礎概念を論じてきた。次にクライアントと支援者にこのモデルがどのように適用できるかについて述べて，筆者の経験したケースを紹介しよう。

対人スタイルの理解：SASBは，**クライアントの客観的な対人スタイルの理解，特に対人トラブルの原因となりやすいパターンを明示する**のに有効なツールである。上述したように，対人スタイルとはクライアントの「個性的，特徴的，継続的」な言動パターン（対人理論では性格と同義）であり，補完関係の原則によって他者に一定の反応を誘発する。このパターンは多くの場合メタメッセージであることから，他者には明瞭であっても**クライアントは無自覚**であることが多い。こうして生じた対人ペアのパターンはいったん確立すると継続され，変化させるのは難しい。この仕組みをクライアントに提示し，不適切なパターンを改善することを目的としてSASBを活用するのである [19]。支援に際しては，まずクライアントに固有の対人パターンをSASBに照合させて情報提供することから始める。

具体例として，自己主張が強く，他人の言うことに耳を貸さないクライアントのケースを考えてみよう。この対人パターンは〈命令する〉ことによって相手を〈服従させる〉，SASBの〈もつれ〉に当てはまる。自己の主張や要求が聞き入れられないと不機嫌になり，何とか相手を負かして意地を通そうとする，ホーナイが〈敵対型〉と呼んだ基本的対人態度である。

とはいえSASBによれば，このパターンに〈親和〉要素が加わると〈見守る〉となり，面倒見がよく他人から慕われる人物像となり，反対に〈嫌悪〉要素が重なると相手を〈なじる〉他人をけなすタイプになる。このように同じ〈もつれ〉がベースにあっても，親和型か嫌悪型かで対人スタイルが一変するのである。支援ではこうした対人パターンのバリエーションを念頭に置きながら，クライアントの対人スタイルを8種類の補完関係にもとづいて検証し，特定するのである。

SASBの対人パターンは，発信者の立場からだけではなく，さらに受信者

の反応からも分析できる。上述した〈もつれ〉の場合，基本は〈服従する〉行為となる。クライアントは自己主張が苦手で，拒絶感受性（rejection sensitivity）が高いことから相手の言いなりになりやすい。ホーナイの〈服従型〉に相当するタイプである。しかし先のパラグラフで論じたように，これにも2通りのバリエーションが存在する。〈親和〉要素が複合した〈信頼する〉は，依存心が強く，いわゆる〈甘えん坊〉タイプであるが，逆に〈嫌悪〉要素が加わると，慇懃無礼で〈奥歯にモノの挟まったような〉口調で〈すねる〉タイプに変貌する。こうした曖昧となりやすい微妙な対人パターンを対人補完関係によって明確にするのが，SASBの魅力である。クライアントに固有の対人パターンが他者にどのような印象を与え，それに対してどのような他者からの反応（補完行動）が予期されるのか，支援の実践によってこれをクライアントに認識させるのである。

　実践応用：では支援の実践において，補完反応をどのように活用すればよいかについて説明してみよう。ベンジャミンは（**受信者として）SASB座標軸上で予期される補完反応と180°対極にある補完応答を用いよ** [20] と教示している（Benjamin, 1996, p.64）。たとえば，クライアントのメッセージが上述した〈命令する〉であった場合，それを補完する〈服従する〉に代わって，180°対極にある〈自由に振る舞う〉を用いるのである（図6）。この発言によって〈命令する→服従する〉という〈もつれ〉を基盤とするマイナスの補完関係から，〈放任する→自由に振る舞う〉という〈離反〉を基盤とするプラスの補完関係への修正をねらうのである。これは，クライアントが表現する対人補完関係を問題の本質とみなし，その変容をねらうSASB特有の方法論である。

　同じ原則は他のマイナス補完関係についても当てはまる。〈攻撃する〉には〈尻込みする→ケアを返す〉（図7），〈無視する〉には〈黙殺する→信頼する〉（図8），〈なじる〉には〈すねる→開示する〉（図9）を活用する。いずれも〈嫌悪〉を示唆するクライアントのメタメッセージを〈親和〉に変化させることをねらった補完応答である。

図6 〈服従する〉と〈自由に振る舞う〉の関係

図7 〈尻込みする〉と〈ケアを返す〉の関係

　以上，対極する補完関係を活用する方法を解説し図式化したが，理論的な説明だけではわかりにくいかもしれない。そこで，筆者がSASBの原則を利用して支援したケースを引いて，以上の原則を具体的に解説してみよう。
　ケース——孤独なクライアント：あるとき友人がいなくて孤独だと訴える大学生が相談にやってきた。クライアントによると，友達をつくるのは問題ないのだが，どうしたわけか関係が長続きせず，いつも独りぼっちだという。「友人関係を維持するのが下手なんです」という主訴は理解できたが，セッション中，クライアントは大声で一方的に，しかも早口でまくしたて，筆者が返答すると目を細め，にらみつけるような表情を見せた。SASBによると口調は〈命令する〉，表情は〈なじる〉を示し，両者の混合した対人パターン

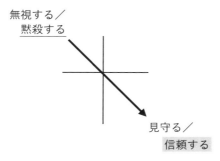

図8 〈黙殺する〉と〈信頼する〉の関係

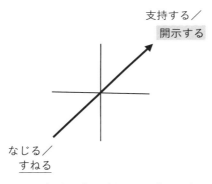

図9 〈すねる〉と〈開示する〉の関係

である。先に論じた対人補完関係の原則から，クライアントに接する人物は消極的に振る舞い〈服従する〉，影で文句をこぼす〈すねる〉という反応がただちに推察された。クライアントに友人ができないのはこれが原因であろう。

　もし筆者がこの対人パターンを認識せずに反応していたら，クライアントの勢いに圧倒され，沈黙を保ちながらも〈服従する〉，内心苛立ち，クライアントの態度を不快に思う〈すねる〉といった行動を取ることになったと予想される［21］。これはクライアントに接する人たちの共通体験であろう。そこ

でSASBの原則に従い，それぞれ180°対極の位置に示された補完反応，すなわち〈自由に振る舞う〉と〈開示する〉の形式で筆者は応答を試みた。つまりクライアントに対して単に沈黙を保つのではなく，遠慮なくクライアントに話しかけ（自由に振る舞う）（図6），思ったことや感じたことをフィードバックした（開示する）（図9）のである。こうした対人関係がクライアントの通常のパターンとは異なるものだったことは容易に想像できるであろう。

　こうしたSASBのアプローチに加えて，信頼関係が確立された数回目の支援面接で，筆者はクライアントの許可を得て数分間セッションを録画し，クライアントと一緒に見ることにした。プレイバックを見たクライアントは唖然とし，「私はいつもこんな調子で話しているのですか！」とショックを隠せない様子だった。これを転機として，筆者は感情反映を基盤にしながらクライアントの独特な対人スタイル，および他者へのインパクトについて情報提供を行った。同時に，友人たちと接するときには口調と表情を和やかにし，自己主張するよりも相手の話を聞くようにと具体的な直接指示を与えた。この介入によってクライアントのメタメッセージに少しずつ変化が芽生え，対人パターンの改善とともに友人関係も長続きするようになった。時間のかかる困難なトレーニングだったが，これを〈新しいアプリに慣れること〉に譬え（第9章／pp.181-182），クライアントを励ました。性格は対人関係であるという原則に立脚したSASBにもとづくクライアント支援の一例である。

　繰り返すが，SASBの補完関係に記された行為は単なる見出し語に過ぎず，文字通りに解釈してはならない。あくまでもクライアントの状況と支援の文脈に照合させて理解し応答する。よく質問されるのは，①〈攻撃する〉に対して〈ケアを返す〉（図7参照），および②〈無視する〉に対して〈信頼する〉（図8参照）を対置させる意味である。①について，〈嫌悪〉に対しては〈親和〉で立ち向かい [22]，悪意を示すクライアントには共感をもって接することである。決して罵詈雑言や無礼に対して無抵抗に耐え忍び，**クライアントに親切にすること**ではない。クライアントを〈攻撃する〉態度に駆り立てた心的焦燥から〈尻込み**せず**〉，それに共感し理解することによって〈ケアを返

す〉のである。このようにして〈嫌悪〉から〈親和〉の補完関係を導くことが可能となる。②については，クライアントが支援者を〈無視する〉ことによって〈嫌悪－離反〉を示す場合であるが，①と同様，支援者はクライアントの行為を〈黙殺する〉のではなく，反対に〈信頼する〉態度で受け入れる。第3章で論じたロジャーズの「沈黙を聴く」態度はまさにこの実践である。

　最後に，SASBは個人支援のみならず，カップル相談や結婚トラブル，親子問題，教育現場における教師と生徒のコミュニケーション改善，組織内の対人関係の向上など，複雑な対人関係や，〈コミュニケーションの取りにくい〉クライアントとの支援にも適していることを付記しておく。

　支援者への活用──自己分析：SASBは支援者自身の対人関係を自己分析するツールとしての役割も果たす。支援関係では支援者による一言一句はもちろん，表情，口調，態度といったボディランゲージによるメタメッセージがクライアントの転移（transference）を促進させることにつながる（Andersen, Glassman, Chen et al., 1995）。これを未然に防ぐ手立てとしてSASBを用い，支援者自身の対人スタイルを熟知するのである。信頼のおける有能なスーパーヴァイザーから指導（または必要となればセラピー）を受けるのが最善かつ理想の方法であるが，〈自己分析〉の手段としてSASBを活用する方法を述べておこう。

　これにはまず自己の全体的な対人カテゴリーの評価から始める。自己の対人関係を振り返り，繰り返し起こるパターンを見つけるのである [23]。これをSASBの座標に照らし合わせ，自分は基本的に他者と距離を置く〈離反〉のゾーンか，他者にフレンドリーで人懐っこい〈親和〉のエリアか，自己の主張が通らないと苛立つ〈もつれ〉の領域か，他人と揉めやすい〈嫌悪〉の範囲か，これらのうちどれに属するかを選定する。

　これが完了したら，次はSASBの補完関係の記述に従って，自己の対人スタイルを特定する作業へと進む。自己評価で確定したカテゴリーのなかから，自分を最も的確に反映するパターンを認識するのである。たとえば親和カテゴリーなら，単に他者を〈積極的にケアする〉のか，それともハイブリッド

第6章　対人関係を評価する　　　129

の離反型で〈支持する〉のか，もしくはもつれ型の〈見守る〉のかを明確にする。同じ〈親和〉でも，これら3種の対人スタイルが大きく異なることはすでに論じた通りである。大まかであるが，これが筆者の薦める自己分析法である。

　しかし対人スタイルの自己分析は，言うは易く行うは難しである。自己の客観視を抑制するバイアスが関与するからである。そのため必要に応じてスーパーヴァイザーや信頼のおける同僚に意見を求めたり，または支援を録画しそれを検討することも必要となる。こうして浮かび上がった対人スタイルは**他者が体験する支援者**の姿であり，クライアントの補完反応を決定する要素である [24]。もし〈嫌悪〉カテゴリーに属するいずれのスタイル（〈無視する〉〈攻撃する〉〈なじる〉）であれば，スーパーヴィジョンを受けるのが望ましい。いずれも虐待などによって心に傷を負ったクライアントにマイナスの転移を起こす危険要因となりかねないからである。

　SASBが果たすもうひとつの貴重な役割は，支援者がクライアントに対して抱く感情，すなわち逆転移（countertransference）のモニターと調整に関わる。古典的な精神分析理論では転移と逆転移を個別の概念として取り扱うが，これは支援者とクライアントの立場を区別することによる。これとは対照的に，SASBの対人理論では両者を分別せず，単に発信者と受信者と想定する。支援者が発信者の場合，クライアント（受信者）の補完反応が転移（の引き金）となり，反対にクライアントが発信者であれば支援者（受信者）の反応が逆転移となるととらえるのである。

　逆転移をクライアントのメタメッセージへの補完反応とみなすことは，従来のパラダイムをシフトさせる斬新なアイデアであり，結果として**支援者がつねに自己の内的反応を敏感にモニターする**ことの重要性が強調されるようになった [25]。対人補完反応は文字通り〈反応〉であり，本書で強調する〈意図的応答〉ではない。いわば無意識の〈チャート式〉アプローチである。本章で繰り返してきたように，非意図的な補完応答は支援者とクライアントを関係を非建設的な枠組みに縛りつけることにつながり，自由なやりとりを束

縛してしまう。欧米の支援訓練でよく耳にする "What comes to your mind first is the last thing you share, if at all（最初に頭に浮かんだことは，例外を除いて，クライアントにはシェアしない）" というモットーは，これを警告しているのである [26]。

SASBは対人支援においての幅広い概念と技法を提供するアプローチであり，習得の価値は大きい。本章では一部しか紹介できなかったが，少しでも参考になることを願ってやまない。

まとめ

支援においてクライアントの対人関係の把握は重要であるが，その根幹をなす対人スタイルについては，一部を除いてこれまであまり論じてこられなかった。本章では対人関係理論の歴史を俯瞰し，カレン・ホーナイの基本的対人態度，ティモシー・リアリーの対人円環モデル，そしてローナ・ベンジャミンの社会行動構造分析（SASB）を紹介した。なかでもSASBは対人関係のアセスメントのみならず，介入手段としても活用できることから紙幅の許す範囲で解説を試みた。2つの座標軸に当てはめられた8種類の補完関係は，支援の実践に寄与するだろう。ぜひ習得していただきたい。

註
[1] BASIC-IDとは，Behavior（行動），Affect（情動），Sensation（感覚），Imagery（イメージ），Cognition（思考），Interpersonal Relationships（対人関係），Drugs（薬物使用および生理要因）の頭文字を示す。
[2] ドイツ生まれの女性精神分析家（1985-1952）。フロイトの汎性欲（リビドー）説と本能論に反対し，環境および文化社会的要素を強調した。ナチスの侵攻から逃れるため1932年にアメリカに移住し，シカゴそして後にニューヨークに渡る。これをきっかけにネオフロイト派のサリヴァンやエーリッヒ・フロム（Erich Fromm）たちと親交を

深め，同時に当時ニューヨークに留学中の日本人分析家・近藤章久と交流をもった。社会自己観点からの精神分析研究と実践，訓練に励み，なかでも禅と森田療法に関心をもって1952年に来日し，鈴木大拙や森田療法家の高良武久と対談した（Levine, 2017）。

[3] 性格類型論はもちろんホーナイだけでなく，他の精神分析的臨床家によってもなされている。なかでもデヴィッド・シャピロ（David Shapiro）の *Neurotic styles*（Shapiro, 1965）やナンシー・マクウィリアムズ（Nancy McWilliams）の *Psychoanalytic diagnosis : Understanding personality structure in the clinical process*（McWilliams, 2011）などは米国の大学院レベルでテキストとして頻繁に参照される。ちなみにホーナイの原著 *Our inner conflicts : A constructive theory of neurosis* は1945年に出版されたが，日本語に訳されたのはその後約40年経った1981年である。

[4] 西平（1969）はこれを「親和型」と訳しているが，この訳語には「愛情のこもった（loving）」「フレンドリーな（friendly）」といったプラスのイメージが伴い，ホーナイが意味したマイナスのイメージを反映していないため，ここでは「服従型」と訳した。残りの「敵対型」「離人型」は西平の訳語に従った。

[5] 対人スタイルの類型論は性格理論からだけではなく，セオドア・サービン（Theodore Sarbin）の役割理論（the role theory）の見地からも論じられている。役割理論についてはサービン（Sarbin, 1950）の原著論文，および大谷・高石（2012, pp.56-58）の要約を参照されたい。

[6] 筆者の好むサイモンとガーファンクル（Simon, & Garfunkel）の *I am a rock* の歌詞に離人型の心理を見事に言い表した一節がある。"I've built walls／A fortress deep and mighty／That none may penetrate／I have no need of friendship, friendship causes pain／It's laughter and it's loving I disdain／I am a rock（僕は周りに壁を築いた／分厚くて強力な砦だ／中には何も通さない／友情なんて真っ平さ，僕を傷つけるもの／笑いと愛情なんて最低だ／僕は岩なんだ）"（Simon, 1966［引用者訳］）。

[7] ティモシー・リアリーと同僚のリチャード・アルパート（Richard Alpert）（後にラム・ダスと改名）はその後60年代に幻覚剤の研究を行い，それを奨励したことからハーヴァード大学の心理学教授職を追われるという憂き目に遭う。もしリアリーが在籍しつづけていたなら，果たしてどのような貢献をしたであろうか。これは反実仮想（counterfactual thinking）であるが，残念に思うのは筆者だけではなかろう。当時の状況についてはGrogan（2013）の著作に詳しい。

[8]〈親和−嫌悪〉と〈支配−従順〉の2つの座標がそれぞれ，仏教の〈貪-瞋〉，および極端（な制御）を避ける〈中道〉に呼応するのは興味深い。

[9] アメリカ人臨床心理学者（1934-）。ウィスコンシン大学院在学中，アカゲザルが針金

でできた〈代理母（wire mother）〉に〈愛情〉を求める研究で知られるハリー・ハーロウ（Harry Harlow）に師事する。本章で解説するSASB以外に，対人再構築セラピー（Interpersonal Reconstructive Therapy：IRT）を開発した。母校ウィスコンシン大学医学部，ユタ大学で心理療法の研究に携わり，2012年に定年退職した。

[10] 英語のenmeshは元来 "mesh"（網状態）"en-"（〜にする，起こす）という意味の合成語であり，これが転じて「脱出困難な複雑な状況に巻き込む」ことを意味する（*Oxford dictionary*：https://en.oxforddictionaries.com/definition/enmesh）。日本語では纏綿（てんめん），膠着（ちゃく），絡合（らくごう）といった難しい用語が充てられるが，わかりやすくするため「もつれ」と訳した。

[11] もし発信者Aの行為に対し，受信者Bが期待される反応を示さなければ，対人補完関係は成立しない。こうした対人関係は不安定で葛藤やトラブルが予想される。なお対人補完関係性の概念はエリック・バーン（Eric Berne）の交流分析（Transactional Analysis：TA）における〈ゲーム分析（analysis of games）〉にも見られる（Berne, 1966）。

[12] ベンジャミンはこれに数学用語のoctant（八分円＝円周の8分の1で中心角45度の弧）という用語を充てている（Benjamin, 1996, p.21）。

[13] SASBでの〈見出し語〉活用をはじめとして有効な支援では幅広い語彙とニュアンスの理解が威力を発揮し不可欠となることは，第2章「ヒューリスティック6」で論じた。

[14]〈離反〉による〈放任主義〉が過度になると〈ネグレクト（児童に適切な食事，衣服，住居，世話，医療，もしくは情緒安定を放棄すること）〉と呼ばれる育児虐待となる（Neglectの定義は *Merriam Webster Dictionary*：https://www.merriam-webster.com/dictionary/neglectに従った）。しかしネグレクトには親の〈嫌悪〉を反映して，意図的に〈無視する〉場合もあるため，両者の区別が必要である。

[15] 日本の義理人情をSASBの観点から分析すると，〈親和〉に〈もつれ〉要素を融合させた関係ととらえることができそうである。Aの〈積極的なケア〉に対してBが〈ケアを返す〉のだが，BはAに逆らうことを許されず，〈服従〉が求められるからである。さもなければ〈不義理〉となってしまう。もちろん〈恩を仇で返す〉行為は欧米でも見られ，"bite the hand that feeds you（餌を与えてくれた人の手を噛む）"という英語表現があるが，これはあくまでも無礼な個人行動に過ぎず，「社会規範」に背く行為としての不義理とは若干趣きが異なる（金屋，1991）。

[16] 動物行動学の研究と著作で有名なフロンス・デヴァル（Frans de Waal）によると，チンパンジー社会におけるリーダー格の〈アルファ（ボス）サル〉と手下のサルとの「対人」補完関係は〈もつれ〉を示すが，その特徴はアルファサルの性別，年齢，好感度，グループダイナミックスなどの諸要因に影響され，独自のパターンを示すと述べてい

る（https://www.youtube.com/watch?v=SAXwtyl0MEs）。人間社会でも同様，もしくはもっと複雑であろう。

[17] 〈嫌悪〉のみを反映する虐待が "an act of *commission*（危害を**加える**行為）" であるのに反し，註14に記した〈離反〉や〈嫌悪−離反〉要因によるネグレクトが "an act of omission（世話を**しない**行為）" であることから，虐待は逆の行為であることがわかる。

[18] 最近報道されることの多いハラスメント（セクハラ，パワハラ，アカハラなど）も〈攻撃する／尻込みする〉という〈嫌悪〉の補完関係とみなすことができるが，この場合，〈服従する〉という〈もつれ〉の要因が作用すると理解できる。

[19] クライアントを特徴づける対人スタイルは必ずしも1つとは限らず，数種類の対人要素が混在することも稀ではない。これはパーソナリティ障害において特に顕著となる。たとえば境界性パーソナリティ障害の場合，発信者として〈命令する〉〈なじる〉〈攻撃する〉〈積極的にケアする〉の4要素，受信者としては〈信頼する〉，これに他者から〈無視〉されることを恐れる，といった数種類の要素が関わる。ベンジャミンはDSM-IVにリストされた10種類に受動攻撃型（passive-aggressive）を加えた11種類のパーソナリティ障害の対人スタイルをSASBによって分析している（Benjamin, 1996, p.119）。

[20] ベンジャミンはこれにantithesis（反定立，アンチテーゼ）という哲学用語を充てている。

[21] クライアントにとって好ましくない感情や思考を支援者に投影し，それによって葛藤を解消しようとするメカニズムを，精神分析では〈投影同一化（projective identification）〉と呼ぶ。こうして投影された事柄を支援者が誤って内在化すると〈投影逆同一化（projective counteridentification）〉となり，支援は膠着状態に陥る（Mueller, & Aniskiewicz, 1986 ; Ogden, 1979）。クライアントの対人関係にもとづいた補完関係を支援者が維持することは，この〈投影逆同一化〉に類似した現象であると筆者は考えている。

[22] これを説明するたびに，筆者は「実にこの世において怨みに報いるに，怨みに似てしたならば，ついに怨みの息むことがない。怨みをすててこそ息む。これは永遠の真理である」（中村，1978, p.10）という仏教経典『ダンマパダ（*Dhammapada*／法句経）』の一節をいつも思い浮かべる。

[23] 筆者が博士課程のインターン時代にスーパーヴァイザーのマン・コスカ（Mun Kostka）博士から一番最初に教えられたのは，トラブルが一回きりであれば状況が原因であり，反復すればクライアントに問題がある（"If the trouble happened only once, it's an isolated event ; if it recurs, what is the client doing to contribute to it?"）という指摘であった。

［24］キャサリン・トーマス（Katherine Thomas）たちは，3名の異なるアプローチで知られるセラピスト，カール・ロジャーズ（Carl Rogers），フリッツ・パールズ（Fritz Perls），アルバート・エリス（Albert Ellis）によるクライアント「グロリア（仮名）（"Gloria"）」とのセッション映像の分析から，支援における対人補完関係を実証している（Thomas, Hopwood, Woody et al., 2014）。

［25］これはマインドフルネスの原則である。マインドフルネスについては第8章で情動調整の技法として解説した。

［26］1999年に劇場公開されたビリー・クリスタル（Billy Crystal）とロバート・デ・ニーロ（Robert De Niro）主演のコメディ映画 *Analyze this*（邦題「アナライズ・ミー」）の冒頭で，精神科医を演じるクリスタルがクライアントの発言を聞いて大声で怒鳴り散らすが，実のところこれは彼の瞬間的な想像に過ぎず，実際にはクライアントには平静を装って話すシーンがある。笑いを誘う一幕であるが，**補完反応を認識し**，クライアントの行動にはとらわれずに**応答する**姿を描いた一幕である。

第6章　対人関係を評価する　　135

第7章

指示を与える
直接指示・間接指示・メタファー

本章で取り上げるメインテーマ

1．指示の定義
　　①適切な指示の有効性
　　②指示が避けられる理由
2．直接指示
　　①インパクト
　　②タイミング
　　③イエスセット
　　④社会影響力
2．間接指示
　　①注意の喚起
　　②ほのめかす
3．メタファー

指示の定義

①適切な指示の有効性

　しばらく前のことになるが，両親による DV と性的虐待が原因で家出し，ティーンエージャーにもかかわらずホームレスとして売春を余儀なくされた女性のインタビューが全米ネットワークで放映された。10年余にわたる筆舌に尽くしがたい路上生活にもかかわらず女性は回復し，現在は同じ境遇に置かれた青少年の救出と援助に携わっている [1]。この期間，10数名のセラピストやカウンセラーから支援を受けたが，最後の一人だけが「売春はもう止めようね」と言ってくれた。この一言がきっかけとなり，彼女は風俗業から足を洗い，社会復帰を決心したという。他の支援者は現状の苦しみを傾聴し，ホームレスになった原因解明，家族内トラブル，マイナス思考の対処法，自尊心の向上などに耳を傾け相談に乗ってくれたが，いずれも救いにはならなかった。もちろん彼女のモチベーション，準備レベル，記憶の誤りといった事柄も考慮せねばならないが，タイミングを押さえた適切な指示がクライアントにとっていかに有効であり，また必要であるかを物語る逸話である。

　『新明解国語辞典 第七版』によると，指示とは「相手がしなければならないことを具体的に言って聞かせること」（山田ほか，2013，p.626）である。支援においては必須のスキルであるが，実際には敬遠されがちである。本章では指示の与え方について解説するが，それに先立ち，なぜこのスキルが充分に活用されないのかについて考察しよう。

②指示が避けられる理由

　〈指示〉というスキルが支援において避けられる最も大きな理由は，**クライアントに〈指示を与える〉ことが〈傾聴に相反する〉という誤った認識**にある。傾聴にとらわれすぎるあまり，援助を促進させるうえで不可欠の指示を一切否定するオール・オア・ナッシング思考（all-or-nothing thinking）の一

種と考えてよかろう。上述した女性のケースにおける多くのセラピストたちの対応もこれを物語っている。

　興味深いことに，支援の歴史において指示の位置づけは必ずしも明白ではない。カール・ロジャーズ（Carl Rogers）が1942年の著作 *Counseling and psychotherapy : New concepts in practice*（『カウンセリングと心理療法——実践のための新しい概念』）のなかで〈非指示的（non-directive）〉という概念を提唱するや否や，〈指示的〉立場を標榜していたエドマンド・G・ウィリアムソン（Edmund G. Williamson）が異を唱え，両者間に論争が起こったことは有名である。当時ロジャーズはシカゴ大学，ウィリアムソンがミネソタ大学に在籍していたことから，〈シカゴ－ミネソタ論争〉とも称される論議の詳細は他書に譲るが [2]，少なくともこの時点では，支援過程で指示を与えることは一般的であったことが窺われる。ただしウィリアムソンの標榜した〈指示〉は〈職業ガイダンス（vocational guidance）〉に代表される，心理テストを利用した〈情報提供〉に近く，本書で論じる指示とは幾分異なる。その後ロジャーズの影響が普及するにつれ，指示の応用は次第に影を潜め，殊に臨床的支援では非指示的アプローチが主流を占めるようになった。

　指示を回避する傾向はロジャーズのアプローチのみならず，精神分析理論にも見られる。精神分析では指示を催眠の直接暗示と同一視し，かつては「（指示の活用は）支援者を特別な力をもつ万能の親のように見立てたいというクライアントの願望に歩調を合わせることになる」といった主張も散見された（Fisher, 1953, p.343 [引用者訳]）。要するに，指示はクライアントの転移（transference）を誘発するから不適切だというのである。これはもちろん極論であり，近年になって最小限の指示は容認されるようになったが，精神分析は原則として未だに非指示的立場を保っている（Wolberg, 1988）。

　こうした理論的背景に加え，日本文化に特有な要素も指示の適用をいっそう困難にしているのではなかろうか。社会学者・中根千恵が指摘するように，日本社会は上下関係の原理によって統制される〈タテ社会〉である（中根，1967）。この対人構造において指示は上から下への〈命令〉に転じやすい。こ

れを避けるために支援者が無意識のうちに指示を避けていると考えられる。

　では上下関係の関与しない，友人や家族など親しい関係，すなわち〈身内〉の間ではどうか。この場合，日本語の曖昧さが指示と命令の線引きを困難にすると思われる。たとえば，数人でタクシーに乗るとき，後に乗る者が「ちょっと詰めてよ」と先に乗った者に言ったとしよう [3]。これが指示か命令かは，その時点での状況（口調，対人間の上下関係，発言者のニーズなど）によって決定される。いわゆる〈場〉の理論である。さらに，親しい間柄では丁寧な指示がかえって〈他人行儀〉に映ることもあり，あえて命令が好まれる。いわゆる〈水臭い〉[4] 言葉遣いである。このような言語レベルの曖昧さは日本人なら誰しもが経験するところであろう [5]。こうした言語の使い分けの難しさが〈指示＝命令〉という意識下の等式を生み出し，そのために指示が敬遠されるのではないかと筆者は推察している。

　先にふれたように，支援においては非指示が主流となったが，1960年代初頭から再び指示的アプローチがカムバックしはじめた。行動療法とストラテジー療法（Strategic Psychotherapy）の出現である [6]。前者はジョセフ・ウォルピ（Joseph Wolpe）の系統的脱感作（Systematic Desensitization）が契機となった（Wolpe, 1961）。クライアントに不安を誘発する状況や事柄をイメージさせながら，これと拮抗するリラクセーション反応を同時に体験させ，不安を制御するアプローチである。現在主流となっている認知行動療法（CBT），それに続く行動療法（弁証法的行動療法（DBT），アクセプタンス・コミットメント・セラピー（ACT）など）の原点とされる（Hayes, 2004）。これに対し，ストラテジー療法は，ミルトン・エリクソン（Milton Erickson）とグレゴリー・ベイトソン（Gregory Bateson）の影響 [7] を受けたジェイ・ヘイリー（Jay Haley）の著作から発展した（Haley, 1963, 1973）。彼が命名したストラテジー療法はその後，ブリーフセラピー，ソリューション・フォーカスト・セラピー（Solution Focused Brief Therapy : SFT），家族療法 [8] にまで波及することになる（大谷，2017-b, 2018-a）。

　以下ではエリクソンとヘイリーの視座を拠点にしながら，直接指示，間接

指示，メタファーという3種のスキルについて論じることにする [9]。

直接指示

　直接指示とは文字通り，クライアントの行動変化，意思決定，現実肯定を目的として，ストレートに教示するスキルである。実践では以下の4点に留意する。

①インパクトの強い指示を与える

　当然のことながら，直接指示の効果はインパクトの強さに比例する。インパクトの強い指示とはどのようなものか。詳細を論じた文献はほとんど見当たらないが，幸いなことにコミュニケーション学の立場からマーク・ナップ（Mark Knapp）たちが詳しい分析を試みている [10]。これによると，「行動に視点を定め（中略）クライアントの自尊心を向上させる。（中略）危機解決のためのユニークな策を提示し，混乱する体験を統合させ，将来満足をもたらす指針を提供する」発言を指す（Knapp, Stohl, & Reardon, 1981, pp.32-35 [引用者訳]）。本章冒頭で紹介した「売春はもう止めようね」という直接指示は，これらの条件をすべて満たしていることがわかる。

　ナップたちはさらに言語視点からの考察も加え，①短いこと，②クライアントの状況に整合すること，③プラス表現を用いること [11]，④簡単な言い回しであること，という4点を指摘している（Knapp et al., 1981, pp.37-38）。これらの要素は与えられた指示の記憶と想起を促す役割を果たす。広告の謳い文句，キャッチフレーズ，諺などが頻繁に口ずさまれ影響力をもつのは，この原則を踏まえているからであり，直接指示も例外ではない。

②タイミングを見計らう

　直接指示が効果を発揮するにはタイミングが大きく作用する。支援でのタイミングには2通りある。ひとつはクライアントの準備レベル（第5章参照）を考慮したタイミングである。たとえば，〈準備期〉段階のクライアントがすべての段取りを整えたことを確認し，次の〈実行期〉へのスムーズな移行を促す指示（例：「そろそろ実行に取りかかりましょうか」）がこれにあたる。

　もうひとつは，クライアントの心的状態に照合させたタイミングである。芸事で〈間を取る〉［12］と言えば，観客の心情に合わせて台詞を利かせることであり，要するに指示に対するクライアントの受け容れ態勢（receptivity）が最高潮に達した瞬間をとらえることである。これは次節で論じる間接指示においても必須となる。準備レベルを考慮したタイミングが長期間の支援プロセスに関わる〈マクロ〉的な一瞬であるとすれば，〈間〉のタイミングは特定のセッション内で生じる〈ミクロ〉的な一瞬と言えよう。

③イエスセットを用いる

　セッション内での受け容れ態勢を高めるにはイエスセット（the yes-set）が効果的である。イエスセットとはミルトン・エリクソンが編み出した技法で，クライアントが支援者の発言に繰り返し「はい（yes）」と答えることによって，指示への受容性が高まる傾向を応用するアプローチである［13］(Erickson, Rossi, & Rossi, 1976)。最もシンプルなイエスセットはクライアントの心情や出来事について的確な感情反映（第2章／pp.33-35），言い換え（pp.35-36），要約（pp.36-37）を行い，クライアントが「はい」と答える頻度を増やせばよい。これによって，クライアントの共感体験を促進させるのである。共感がクライアントの心を開くことは対人補完性のセクションで論じた（第6章／pp.119-120）。直接指示は支援者とクライアントとの密接な関係性を前提にしたスキルである［14］。

④社会影響力を確認する

　最後に，直接指示の影響は支援者の社会影響力によっても作用されることを銘記しておく。社会影響力とは「クライアントが支援者から感じとる，腕前（専門性），品格（信頼性），人望（魅力性）」のことであり（第1章／pp.22-23），直接指示ではこの要素がとりわけ重要となる。内容や言い回し，タイミングに加えて，情報を与える人物がインパクトをもつからである。「あなた（支援者）が言うなら実行します」という信念をクライアントに確立させることが肝心なのである [15]。さもなければ直接指示ひいては支援そのものの効果は期待できないと言ってよい。

　ここまでの解説を総括しよう。直接指示とは，**信頼のおける支援関係を背景に，タイミングを見計らって，インパクトの強いコメントをクライアントに与えるスキル**である。決して命令や（転移による）依存心を誘発させる発言ではない。これを念頭に置き，直接指示が奏功したケースを紹介する。

ケース

　クライアントは30歳半ばの既婚女性。中小企業を経営する主人との間に2人の子どもがおり，収入も安定していることから「専業主婦（stay-home Mom／ステイホーム・ママ）」として毎日を送っている。何ひとつ苦労のない生活で，周囲からは「おしどり夫婦」と呼ばれ羨ましがられているが，何か今ひとつ物足りないと感じ，筆者のもとを訪れた。数回セッションを重ねたのち，クライアントは現在の生活は安泰しすぎており，チャレンジに欠けている現実に気づいた。子どもの頃から成績もよく，医者になりたくて大学では医学部受験を目指す学生のための「プリメド（pre-med／医学部進学のための準備プログラム）」[16] を履修したが，夫の強い要望を聞き入れ，結婚と同時にいやいやながら夢をあきらめた。

　支援によってこの事実をはっきりと認識したクライアントは，再び夫に医学部受験の夢を打ち明けた。主人の協力があれば主婦業と勉学の両立は十分

可能だと話したが，夫は頭ごなしに断固反対し，クライアントの言い分を聞こうともしなかった。数回にわたる口論のあと，夫はついに裕福な結婚生活を取るか離婚して医学部に行くのか選択を迫った。クライアントは落ち込み，悩み抜いたがどうしても決心がつかず，「どうしたらいいのでしょう？」と筆者に尋ねたのである。筆者はこれに対し，「自分の道は自分で選ぶのですよ」と答えた。明快な指示であるが，結婚生活を続けるか，医学の道に進むかという2通りに解釈できる，クライアントの自主的な意思決定を尊重したコメントである。これを聞いたクライアントは泣き出し，「主人と別れなさいと言ってくださると期待していました」と述べた。「今の言葉から，あえて私が言う必要はないようですね」[17]と筆者は返答し，セッションを終えた。

　この介入を機に，クライアントは積極的に医学部進学の準備を始めた。主人とも話し合ったがどうしても折り合いがつかず，結局離婚に承諾した。残念なことに子どもの養育権の調停がこじれ，医学部進学はあきらめざるをえなかったが，1年後には生物学の大学院に無事入学を果たした。クライアントは当時を振り返り，「『自分の道は自分で選ぶのですよ』という一言が大きく心を揺さぶった。たしかに厳しい道であったけれど，これ以来『与えられた（by default）』生活ではなく，『選択による（by choice）』人生を歩み出した」と筆者に述懐した。

　「自分の道は自分で選ぶのですよ」という指示は，ナップたちの列挙した直接指示の条件（危機解決，混乱体験の統合，将来への指針，簡潔性，行動視点，プラス表現など）を満たしている。支援関係が確立され，タイミングを確認しての指示であったことからインパクトは強烈であった。直接指示が奏功した一例である。

間接指示

　教示を単刀直入に与える直接指示に対し，間接指示では**言葉のニュアンスや婉曲話法，言い回しによって指示をほのめかす**。ジークムント・フロイト（Sigmund Freud）の用語を借りるなら，直接指示はストレートで論理的な〈二次的思考プロセス（primary process thinking）〉に働きかけるアプローチ，間接指示はファジーで非合理的な〈一次的思考プロセス〉に訴えるスキルである。

　間接指示は〈角が立たない〉ことから，対人摩擦を避けたがる日本社会では特に重宝される。精神科医で小説家として多くの読者を魅了した北杜夫の『どくとるマンボウ青春期』の次のくだりが典型である。以下は，北による旧制高校時代のドイツ語教師についての回想である。

　　（教授 [18] は）私の友人にこう言ったそうだ。「斎藤君（私の本名）は，滅多に授業に出ないくせにこんな答案を書くのだから，普通に出ていたら一体どのくらいできるのでしょうね」。もちろん（教授の）老練な術策である。しかし私は見事にだまくらかされ，それから（この教授の）授業にはせっせとでるようになった。

　　　　　　　　　　　　　　　　　　　　　　　　（北，1973, p.104）

　講義にはほとんど出席せず，学生寮でひたすら読書に耽っていた若き日の作家の回想である。ところが教授のコメントをまた聞きして以来，彼は真剣に授業に出席しはじめた。「老練な術策……にだまくらかされ」と書いてはいるものの，教授の言葉には反感を覚えず，サボり癖が即座に矯正されたのである。これがもし「授業に出席しなさい」という命令的な指示であったなら，彼はどう反応したであろうか。何か言い訳をして欠席しつづけるか，仮に出席したとしても自主的ではなかったことが想像される。この「老練な術策」

は見事な（しかも第三者を介した）間接指示の一例である。

　間接指示の原則は〈注意の引きつけ→再構成（Join and Restructure)〉である（大谷，2018-b）。すなわち，クライアントの〈注意を引きつける〉ことによって指示への受容性を高め，ターゲットとなる指示を**それとなく与えて**〈再構成〉をねらうのである。このステップを具体的に解説してみよう。

①注意を引きつける

　第1ステップの〈注意の喚起〉では，指示に対するクライアントの受け容れ態勢を確保する。北杜夫の例では，「滅多に授業に出ないくせにこんな答案を書く」という思いがけない〈褒め言葉〉であった。これを聞いた彼の注意がそれまで無視してきた教師の発言に集中したことは想像に難くない。頑なであった彼の態度は一変し，続く「（もし授業に）普通に出ていたら一体どのくらいできるのでしょうね」という指示を受け容れることにつながった。直接指示と同様，クライアントの受け容れ姿勢は間接指示を有効にする決定的要素である。

　クライアントの受け容れ姿勢を増大させる手立てには，イエスセット，共感，社会影響力以外に，明らかな事柄についてのコメント（例：真夏日（冬のさなか）に「暑い（寒い）ですね」と述べるなど）も役立つ。エリクソンはこれを「自明の理（truisms）」と呼び，イエスセットの一種とみなした（Erickson, Rossi, & Rossi et al., 1976, pp.31-34）。

②指示をほのめかす

　クライアントの注意を引きつけると，直ちに第2ステップの〈再構成〉に取りかかる。この場合，直接指示のようにストレートではなく，遠回しな指示を用いる。〈オブラートに包んだ〉という表現があるが，さりげなく**ゴールをほのめかす**ことによって態度や行動の再構成を果たすのである。これが間接指示のエッセンスである。北杜夫の場合，「（もし授業に）普通に出ていたら」という**仮定法の言い回し**であった。

表1　〈ほのめかし〉に利用できる表現

付帯・時期	状態・状況	抑制・挑戦
〜まで	このまま	できるだけ
もう〜	しばらく	できる限り
もうすぐ	〜の結果	
〜の前に	〜を続けて	
〜の後で		
〜と同時に		

　次に，北杜夫の例に代わって筆者の体験を記してみよう。あるとき恩師［19］に連れられてイタリアレストラン店に行き，夕食をとっていたときのことである。前菜に出たハラペーニョ唐辛子（jalapeño pepper）の唐揚げをそれとは知らずに口にした。噛んだ瞬間，熱々になった辛子汁が口内に炸裂し，思わず唸り声を上げた。そのとき隣にいた恩師は筆者を見つめ，「あぁ，そいつは辛いぞ！　しばらく相当ヒリヒリするよ（Oh, that sucker is hot！It'll burn like hell for a while）」と間髪を入れずに言ったのである。辛さで唸った瞬間に発せられた「あぁ，そいつは辛いぞ！」がイエスセットであることは，上の解説からすでにおわかりであろう。ではこれをフォローする間接指示の〈ほのめかし〉は何であろうか。正解は「しばらく」である。〈しばらく〉とは〈比較的短い時間の経過〉を意味する副詞である。この一言によって，彼は「口のなかは相当ヒリヒリするけれど長続きはしないよ」と示唆したのである。このアプローチが一過性の不安や不快感，疼痛などに応用できることは明瞭であろう。実例は大谷（2018-b）に記した。

　文字通りの激辛に閉口しつつ，筆者は「先生，もっと直接ズバリ言ってくださいよ」と彼に哀願した。恩師はにやりと微笑を浮かべ，「何と言えばいいのかな？」と逆に切り返した。読者がその場にいたら何と答えたであろうか。

第7章　指示を与える

筆者は「相当ヒリヒリするけれど**すぐ治まるよ**（How about it'll burn like hell *before it soon cools off*?）」と返答した。〈すぐ治まるよ〉は直接指示である。「よく言った！」と彼は笑顔でワイングラスをかざした。これがわが恩師の「老練な術策」であった。あれから30年ほどが過ぎ，恩師も惜しまれながら他界したが，北杜夫の場合と同様，このときの痛烈な印象は（ハラペーニョ唐辛子の味とともに）未だはっきりと記憶に残っている。間接指示と直接指示の使い分けについて，一生忘れることのない貴重な実地学習（on-the-job learning）となった。

　間接指示の決め手となる〈ほのめかし〉の技法についてもう少し論じておこう [20]。これには特定の表現を用いるのが便利である（表1参照）（Otani, 1989-c, p.206）。まず第一はターゲットとなる直接指示に〈付帯・時期〉を示す表現を付加する方法である。たとえば，次のように言ったとしよう。

　　• **リラックスするまで目を閉じて呼吸に注意を払ってください。**

　この場合，「目を閉じて呼吸に注意を払」うことにより，「リラックス」できることをほのめかしている。一方，次の言い回しはどうだろうか。

　　• **もう不安は治まりましたか？**

　この言い回しは不安の解消を意図した間接指示である。「もう」という表現により，仮に現時点で不安があったとしても，そろそろ治まることを示唆している。〈〜前に〉〈〜の後で〉〈と同時に〉も同様に用いることができる。

　2番目はターゲットとして期待される〈状態・状況〉に焦点を絞る〈ほのめかし〉である。筆者が体験した〈しばらく〉はこの部類に属する。これ以外にも〈このまま〉〈〜の結果〉〈〜を続けて〉がある。

　　• **このままリラックスした気分でいましょう。**

このように言えば，現在リラックスしており，その継続を暗黙に伝えることになる。これに〈付帯・時期〉の〈もうすぐ〉を加えると，次のような間接指示が可能になる。

- **このままリラックスした気分でいると，もうすぐ血圧も下がりますよ。**

ここでは，現在のリラクセーションの効用が続き，それによって間もなく血圧降下が生じる，と2つの指示を遠回しに伝えている。このように数種類の教示を組み合わせた間接指示はきわめて有効となる。

最後の〈できるだけ〉と〈できる限り〉は共に〈抑制・挑戦〉をねらいとする表現である。これらは「たぶんできないであろう／困難であろう」という**否定的なニュアンスを伝えることがある**ので注意が必要である。いわゆる逆説指示である。そのため，次のような間接指示が可能となる。

- **不安のイメージをできるだけ長続きさせる**ようにしてください。

これは「たぶん無理でしょう」と不安の抑制をほのめかすチャレンジである。不安障害で用いる持続エクスポージャー法（prolonged exposure）には欠かすことのできない指示である。残念なことに，こうした言葉のニュアンスを全く理解せず，緊張したクライアントに「できるだけリラックスしてください」などと指示する支援者も少なくない。これでは逆効果を生むことになりかねないため禁忌である。支援の応答は必ず意図的に行う。読者はこの直接指示を遵守していただきたい。

以上，直接指示と間接指示について解説したが，両者の使い分けはどうすればよいのか。現在のところ，明確なガイドラインは見当たらず，支援者の判断に任されることになる。これは指示と関わりの深い催眠暗示についても同

第7章　指示を与える

様であり，技法そのものよりもクライアントのニーズ，状況，モチベーションに合わせた暗示（指示）を，受け容れ態勢と社会影響力が確立された状況で，タイミングをとらえて与えることが重視される（Heap, & Aravind, 2002, pp.115-117）。かつてエリクソンの人気が高まりはじめた頃，間接暗示がもてはやされたことがあったが，エビデンスを見る限り直接暗示との間に相違は見られない（Groth-Marnat, & Mitchell, 1998 ; Lynn, Neufeld, & Maré, 1993）。そのため指示についても同様と考えてよいであろう。もし間接指示に有利な点があるとすれば，心理リアクタンス（psychological reactance），すなわち抵抗が起こりにくいことであろう。肝心なのは直接指示と間接指示の両方のスキルを身につけ，必要に応じてそれらを適用する能力を育むことである。

メタファー

　クライアントに指示を与えるもうひとつの有効な方法はメタファー（metaphor）である。メタファーの役割についてはジョージ・レイコフ（George Lakoff）とマーク・ジョンソン（Mark Johnson）の画期的著作で論じられているが（Lakoff, & Johnson, 1980），支援においてはエリクソンが早くから心理テクニックとして導入していた（Erickson, & Rossi, 1976-1978/1980）。メタファーや逸話，寓話などを用いた物語（ストーリー）は意識下に働きかけ，情動および認知作用へのアクセスを可能にする。このメカニズムは支援目標を明確にし，それまでクライアントが気づかなかった洞察や問題解決を図るとともに，クライアントと支援者との関係を促進させる（Martin, Garske, & Davis, 2000）。以下に記すのは，年度末決算に絡むストレスを訴えたクライアントに提供したメタファーである。

●洞察を促すメタファー

　たしかに今は一難去ってまた一難のストレスの連続ですね。ちょうど今年の夏の天気みたいに，次から次へと豪雨や嵐がやってきて，そしてそれが終わると今度は猛暑。**これではやっていられないと感じるのも当然ですよね。**しかし夏が終わって秋になり，からりと晴れた青空を見ると，まるですべて嘘のように感じるものですよ。そのときいつも思うんです，「**そうか，青空はいつもあるんだ。雨や風が通り過ぎると必ず戻ってくるんだ**」と。

　このメタファーではストレスを悪天候に見立て，この文脈内で「これではやっていられないと感じる」と述べることによりクライアントへの共感を伝えている。そのうえで季節の変化（プロジェクト終了）のように天候（ストレス）も改善すると述べ，最後に「青空はいつもあるんだ。雨や風が通り過ぎると必ず戻ってくるんだ」という希望のメッセージで締めくくっている [21]。こうしたメタファーは〈象徴モデリング（symbolic modeling）〉とみなしてよい（Bandura, & Menlove, 1968）。

　問題解決や洞察を示唆する以外に，メタファーは**支援のプロセスやそれに伴う具体的な情報を伝達する**手段としても応用できる。晩年のミルトン・エリクソンがティーチング・セミナーにおいて駆使したアプローチである（Zeig, 1980）。過去に同じような困難に直面したクライアントはそれといかに立ち向かい，どのように克服したのか――これをメタファーを介した一種の疑似体験（vicarious experience）として提供するのである。これはクライアントの孤立感を和らげ，問題解決の具体策を提供するのに役立つ。上述した象徴モデリングに〈認知モデリング（cognitive modeling）〉を組み合わせたハイブリッド型のメタファーと言えよう。

　筆者はこのタイプのメタファーに過去のクライアントのケースを用いることが多い。もちろん登場する人物の身元やアイデンティティは一切特定できないように細心の注意を払ってのことである。上記のクライアントには次の

第7章　指示を与える　　　151

ようなメタファーが適切であろう。

・**支援に関わる情報を伝達するメタファー**

　お話を聞きながら，かつてやはりストレスの問題で相談に来られたSE（システムエンジニア）のことを思い出しました。この方の場合もプロジェクトが重なったことから仕事が厳しくなり，ひどいときには数日オフィスで寝泊まりすることもあったそうです。こうした状況で，「**このままだと過労死になってしまう**」と心配になり，相談にこられました。

　スケジュールの関係から人間ドックも数年受けていなかったので，**まず健康状態をチェックしよう**ということになりました。主治医のもとで血液・尿検査，体力測定，心電図，生活習慣評価など，一通りの検査を受けられました。結果が出るまで随分と心配したのですが，血圧とコレステロールが少し高め，運動不足，ストレス過多と，まずまずの結果でした。メタボリックシンドロームの予防として，この時点で運動とストレス管理をしようと提案したところ，最初は「忙しくて時間が取れない」と言われました。しかし「**このままだと過労死になってしまう**」ということを思い出し，**毎日20分の散歩と軽いストレッチから始めました。睡眠は1日7時間をめど**にしたのですが，こちらはプロジェクトとの関連もあり，当初はちょっと難しかったようです。ただし**オフィスに泊まることはそれ以来きっぱりやめられました。ストレス管理は絶えず完璧に行うのではなく，ボチボチと気長に取り組むのがコツです。**この方の場合はそろそろ1年になりますが，ストレッチとウォーキングはずっと続けていて，睡眠時間も以前に比べて改善されました。

　クライアントとの共通点がある第三者の体験を題材にしたストレス診断と予防を促すメタファーである。メタファーでは通常プラス面を強調するが，

ここでは，①生活改善の必要性を明示すること，②クライアントの関心を最大限に高めること，という2点を考慮して，あえて過労死に言及している。ストレスと過労死の関連は事実であり，同時に心理的にショックを与えることよって，クライアントの注意を喚起することをねらっているのである（Rossi, 1973）。

　運動（散歩，ストレッチ）と睡眠時間については筆者の記憶に頼ったが，いずれも妥当な提案であろう。最後の「オフィスに泊まることはそれ以来きっぱりやめられました」「ストレス管理は絶えず完璧に行うのではなく，ボチボチと気長に取り組むのがコツです」という指示がメタファーの要点となっている。

　このように一般のメタファーでは支援のメッセージを物語風にアレンジする。最後に，**メタファーをクライアントの注意を引きつけるイントロとして利用し，直接指示を与える技法**を紹介しておこう。この場合，興味が湧くようなストーリーによってクライアントの注意を引きつけ，ターゲットの指示を与えるのである [22]。エリクソンはこれを散りばめ法（the interspersal technique）と命名し，末期がんの患者「ジョー」に適用した〈トマト苗〉のケースが特に有名である（Erickson, 1966）。このアプローチを用いた筆者のケースを述べるにあたり，まずクライアントの状況から始めよう。

　クライアントは職場で些細なミスを起こし，上司から注意されたことが原因となり，以来「自分は仕事ができない人間ではないか」という考えが頭から離れなくなった。同僚からそんなミスは誰でもするよと慰められ，叱った上司も全く気にしていないようであるが，本人はどうしても忘れることができなかった。しかも「考えないようにしよう」「理性的に対処しよう」と努力すればするほど余計頭にこびりついた（いわゆる〈反芻思考〉である）。これを何とかできないかと，筆者をもとを訪れたのである。

　クライアントの症状から，ターゲットの指示は反芻思考の抑止（「考えないようにする」）ではなく，等閑視（「気に留めない」）をねらいとした [23]。メタファーの選択にはハワイ島での寺院訪問を用いることにし，クライアント

第7章　指示を与える　　153

の興味を引くように努めた。

- **注意の喚起と直接指示を組み合わせたメタファー**

　昨年ハワイ島を旅行したとき，そこにある有名な日本庭園を訪れました。周りはアメリカですが，ここだけはひっそりしていて，鹿おどしのある石庭や苔庭，何十匹もの鯉のいる池，枯山水まで用意されていているんです。「ここだけはちょっとした日本だな」などと考えながらぶらぶら歩いていると，木造の小さなお寺が目に留まりました。どうやら禅寺のようでした。その日はあいにく閉まっていたのですが，近寄ってみると入口のところに木の札が掛かっており，何か書いてあるんですよ。「何かな？」と思って見たら，実に素晴らしいことが書いてあったんです。

　一体，何と書いてあったと思います？（数秒沈黙）

　（クライアントを見つめながら）「**頭に浮かぶ考えを全部信じてはならない**」

　なるほどなと，思わず感心しました。理屈っぽいアメリカ人にとっては，「これは何だ？」ぐらいにしか響かないでしょう。いや，逆にそれをねらったのかもしれません。ともかくハワイ島に行くことがあればぜひ訪れてください。行く価値は大いにありますよ！

　このメタファーの唯一のねらいは直接指示を効果的にするためにクライアントの興味を引くことである。ハワイ島の日本庭園の詳細について語り，「入口のところに木の札が掛かっており，何か書いてあるんですよ。『何かな？』と思って見たら，実に素晴らしいことが書いてあったんです」とクライアントの好奇心をくすぐる。そして，「一体，何と書いてあったと思います？」と問いかけ，間を置いた。これが〈注意の喚起〉である。

　間接指示では〈ほのめかし〉がこれに続くが，ここでは「（クライアントを見つめながら）頭に浮かぶ考えを全部信じてはならない」という指示を明示

している。これは直接指示であり、〈注意の喚起→再構成〉というエリクソンの散りばめ法の原則を踏まえている。これが引き金となって反芻思考への視点が変換し、クライアントの焦燥感は治まった。

　メタファーは物語や寓話、比喩、類推などを利用することからインパクトは強いと考えられる。3名の支援者を対象とする計41回にわたる面接データを分析したジャック・マーティン（Jack Martin）たちの研究によると、クライアントはメタファーが用いられた総計29回のセッションのうち19回（66％）を記憶しており、これらのセッションが有意義であったと答えている（Martin, Cummings, & Hallberg, 1992）。サンプルサイズが比較的小さいことから、結論を急ぐことは避けねばならないが、好ましい結果であることは確かである。

　本章を締めくくるにあたり、指示とメタファーの習得法について一言述べておこう。第1章で記したように、支援スキルには意図的訓練（deliberate practice）が欠かせない。絶え間ない反復練習によってスキルに磨きがかかるのである。このプロセスから、指示を与えるタイミングや注意の喚起といった、漠然としてとらえにくい概念が理解できるようになる。これがコンピテンシー（competency）、すなわち運用能力である。まさに〈技〉の体得と言ってよかろう。

　一方、メタファーについては基本となるスクリプトを書き出し、校正を重ねた最終バージョンを声に出して読むことが効果的である。どのセンテンスを強調するのか、どのような口調を用いるのか、といった微妙なことがらを念頭に置きながら練習する。これはミルトン・エリクソン自らが実行し、若手に推薦した方法である（Erickson, & Rossi, 1976, 1978, 1980）。

まとめ

　指示は支援プロセスにおいて強い威力を発揮する。これにはクライアント
と支援者との間の共感に基づく支援関係，支援者の社会影響力，インパクト
のある指示，タイミング，注意の喚起，ほのめかし，といった諸要素が関与
する。指示にはストレートに教示する直接指示，遠回しに述べる間接指示の
2通りがあるが，現時点でのエビデンスは両者の効果が同等であることを示
している。指示の伝達はメタファーによっても行うことができる。クライア
ントの問題に通底する物語や寓話，比喩などを介して解決策を示唆するので
ある。指示を扱うこれらのスキルは敬遠されることもあるが，適切に応用す
れば効果は高く，習得する価値は十分にあるだろう。

註

[1] 全米で高視聴率を誇ったオープラ・ウィンフリー・ショー（Oprah Winfrey Show）の
　　制作番組である。オンラインでできる限りの検索を行ったが，残念ながら番組放送の
　　詳細は見つけることができなかった。紹介された女性は，サンフランシスコを拠点に
　　売春問題とその解決のためアクティビストとして精力的に活躍したノーマ・ホティリ
　　ング（Norma Hotaling）（1951-2008）ではなかろうかと思うが，定かではない。
[2] ウィリアムソンのアプローチはその後，〈特性－因子理論（the Trait-Factor Theory）〉
　　として発展し，キャリアカウンセリングに大きく貢献することになる（Chartrand,
　　1991 ; Williamson, 1947）。
[3] ここで挙げた例は，日本の家庭に滞在しながら高校に通うアメリカ人交換留学生から，
　　「日本人は他人には礼儀正しいのに，家族に対してはなぜかいつも横柄（bossy）だ。
　　それが理解できない」と相談を受けた筆者の体験にもとづいている。
[4] 『新明解国語辞典 第七版』は〈水臭い〉を「互いに気心が知れていて何でも話せる間
　　柄だと信じていたことが裏切られたかのように思えるほど，相手がよそよそしい態度
　　をとる様子」と定義している（山田ほか，2013, p.1448）。
[5] 英語の場合，命令は単に"Move over !"，もしくはこれに近似する表現で示されるが，

指示の場合は "*Will you (please) move over?*" などによって示される。このように英語では言い回しによって指示と命令の区別が可能である。

[6] 高石は〈方略的指示療法〉という訳語を充てているが（高石・大谷，2012, p.212），ここではストラテジー療法という訳語を用いた。

[7] エリクソンの技法は間接暗示やメタファーが特徴とみなされやすいが，これは誤解である。詳細はコリドン・ハモンド（Corydon Hammond）および筆者の他論文を参照されたい（Hammond, 1984, 1988；大谷，2004-b, 2006；高石・大谷，2012）。

[8] 家族療法においてはカール・ウィタカー（Carl Whitaker）やサルヴァドール・ミニューチン（Salvador Minuchin）といった先駆者たちが支援者による積極的な指示を早くから強調していた（Minuchin, 1974；Whitaker, Warkentin, & Johnson, 1949）。

[9] エリクソンの催眠技法の一般応用については他論文で詳察した（Otani, 1989-c；大谷，2011）。

[10] ナップたちが「心に残るメッセージ（memorable messages）」について研究した後，学術テーマとして定着し，多くの研究が発表された。

[11] プラス表現が支援目標設定においても重視されることは第5章（p.89）で論じた。

[12] 参考までに『新明解国語辞典 第七版』（山田ほか，2013）から〈間〉の定義を引用する――「（聴衆や観衆に，個個の場面や状況を力強く印象づけるために）連続して行われる話や演技・演奏の中に設ける微妙な時間的空白」。〈間〉の概念に関する心理特性および影響については，中村（2002）が興味深いデータを提示し分析を試みている。

[13] イエスセットのメカニズムは認知心理学のプライミング（priming）と自動化（automaticity）によって説明される（Kirsch, & Lynn, 1999；Logan, 1990）。

[14] 第3章で論じた「反復」（pp.62-63）は，クライアント自身が特定した〈直接指示〉を支援者が繰り返すスキルとみなすことができる。この場合でもクライアントの受容性が高まっていることが前提となる。

[15] 直接指示の活用を最大限に応用したことで知られるミルトン・エリクソンは，卓越したスキルだけでなく，クライアントへの思いやり（compassion）と社会影響力の関与によって成功例を重ねていったとケイ・トンプソン（Kay F. Thompson）は記している（Thompson, 2004）。

[16] アメリカの医学部制度は日本とは異なり，大学4年間の学部教育を修了してから医学校（メディカル・スクール）に受験進学する。学部での専攻は化学，生物学などが優位となるが，特に医学部進学を目指す学生のために準備されたプログラムを「プリメド（pre-med［ical program］の略）」と呼ぶ。

[17] この応答は「自分自身ですでに『主人と別れなさい』と言ったでしょう」という意味を込めた間接指示である。

[18] トーマス・マン（Thomas Mann）の翻訳で知られる旧制松本高等学校教授，後の信州大学名誉教授，望月市恵氏である。

[19] 元ピッツバーグ大学のサイコロジスト，ラッセル・スコット（Russel Scott）博士である。30余年にわたりミルトン・エリクソンに師事したケイ・トンプソンは彼を「エリクソンレベルのスキルを習得したサイコロジスト」と高く評価した。支援に関する彼の見地はScott, & Kane（2004）に詳しい。

[20] ここに論じた技法はエリクソンが開発した間接催眠技法を基盤にした（Erickson, & Rossi, 1976-1978/1980 ; Erickson, Rossi, & Rossi et al., 1976）。原著が最も信頼のおけるソースであるが，概要は高石・大谷（2012, pp.111-117, pp.217-221）に記した。

[21] チベット仏教徒ペマ・チョドロン（Pema Chödrön）尼子の有名な言葉「あなたは大空。それ以外——単なる天気だよ（You are the sky. Everything else — it's just the weather）」を彷彿とさせる（https://www.elephantjournal.com/2013/09/pith-advice-from-an-american-buddhist-nun-collected-sayings-of-pema-chodron/）。

[22] 注意の没頭状態（absorption）では指示への感受性が亢進することから，高い効果が期待できる（Tellegen, & Atkinson, 1974）。

[23] マインドフルネスで〈脱中心化（decentering）〉と呼ばれるアプローチである。

第8章

不快な感情を緩和する
情動調整

本章で取り上げるメインテーマ

1．情動（emotion）の定義
2．情動調整の定義とスキル
　　①情動調整の定義
　　②反応緩和型スキルと態度変容型スキル
　　③オルタナティヴ視点の提示
　　④タッチ・アンド・リターン

情動（emotion）の定義

　クライアントが支援を求める目的のひとつは，不快感の緩和もしくは解消である。不安，抑うつ，悲しみ，罪悪感，恥，慚愧[1]，恐怖，怒り，嫌悪など多岐にわたる。ストレス反応もこのカテゴリーに含めてよいだろう。一般に感情が心理面のみに限られた場合を気持ち（feeling），これに行動や身体反応が伴った状態を情動（emotion）と呼ぶ。心理学者ポール・エクマン（Paul Ekman）は〈怒り，恐怖，驚愕，悲しみ，嫌悪，軽蔑，幸福〉という7種類を人類共通の普遍情動と主張している（Ekman, & Cordaro, 2011）。ちなみに気持ちは一時的な反応であり，持続すると気分（mood）になる。抑うつ障害

が気分障害（mood disorder）であって〈気持ち障害〉でないのはこのためである。不快な情動にまつわる表現は数多く，イライラしてじっとしていられない，怒りで身体が震える，不安で胸がドキドキする，悔しくて地団太を踏む，悲しくて涙が止まらないなどは，ほんの一部に過ぎないが日常的な体験である。こうした不愉快な情動が高じ，ついに耐えられない苦痛（distress）となり，生活に深刻な支障（impairment）を来たした状態を障害（disorder）である。

　障害か否かにかかわらず，煩わしい情動は反芻思考を伴う。「もし〜が起こったら…」「もしあのとき〜してい（なけ）れば…」「〜するべきであった（なかった）」といった，俗に言う〈愚痴〉や〈繰り言〉である。反芻思考は当初，抑うつ障害の特徴と考えられていたが，その後の研究から不安障害，摂食障害，疼痛，境界性パーソナリティ障害をはじめ，不愉快な情動全般に見られることが判明した（Nolen-Hoeksema, 2000；Rawal, Park, & Williams, 2010；Tenenbaum, & Davis, 2014）。反芻思考の低減は情動調整において不可欠の要素である。

情動調整の定義とスキル

①情動調整の定義

　支援一般ではまず身体症状の緩和と情動の安定が最優先される。身体面のケアには適切な医学的処置が求められるが，心理面の援助では支援者との関係をベースにした情動調整が中心となる。抗うつ薬や抗不安薬による対処は，緊急状況や極端なケースは例外として，情動調整ではなく，一時しのぎの〈情動抑制〉になりやすい。さらに向精神薬への依存の問題や，ストレスに対するコーピングスキルの重要性に照らし合わせると，情動調整は支援者にとって不可欠のスキルと言えよう。

　情動調整の定義についてジェイムス・グロス（James Gross）は「個人がい

つ，どのような情動を，どのように体験・表出するか，ということに影響を及ぼす過程の総称」と記している（Gross, 1998, p.275 ［引用者訳］）。しかしながら支援対象とされる情動がクライアントに嫌悪・不快をもたらすものに限られることを考慮すると，**個人にとって厭わしく問題となる情動が生じる前，もしくはそれが生じたときに適切に対処する過程**と情動調整を定義するのが妥当であろう。

　ここで注目されるのは，特定の情動はそれが生じた後だけではなく，生じる前からの調整が可能だということである [2]。言い換えると，不快な情動が予想された時点から情動調整を始め，終結時まで継続するのである。もし不安が予期される状況であれば，それに先立ち調整を始め，現場で不安が生じたら積極的なコーピングを行えばよい。さらにこうした情動調整を効果的なものとするためには，日頃から実践に備えて訓練することも重要な意義をもつ [3]。

②反応緩和型スキルと態度変容型スキル

　情動調整で活用されるスキルは，クライアントにとって問題となる情動の低下を図る**反応緩和型**と，そうした情動への接し方を変容させる**態度変容型**に大別できる。前者は**不快感の低下**（a reduction of discomfort）を目的とし，多くの場合リラクセーションや認知行動療法（Cognitive Behavior Therapy：CBT）のテクニックが適用される。これに対し，後者は**不快な情動が気にならない態度**（a shift of attitude toward discomfort）の養成をねらったもので，近年脚光を浴びているマインドフルネスが典型である（大谷，2014，2017-a）。これらのアプローチは技法面だけでなく，関与する脳部位も異なると推察される [4]（Buhle, Silvers, Wager et al., 2014；Wheeler, Arnkoff, & Glass, 2017）。

　情動調整に用いるCBTやマインドフルネスの特定技法の解説は上述した文献に委ね，ここでは支援一般において筆者が活用する〈オルタナティヴ視点の提示〉および〈タッチ・アンド・リターン〉について論じることにする。

なお，〈オルタナティヴ視点の提示〉は反応緩和型，〈タッチ・アンド・リターン〉は態度変容型のスキルに相当する。

③オルタナティヴ視点の提示

　情動は単に周囲の出来事によって生じるだけではなく，それをどう解釈するかによって方向づけられる。そのためクライアントの見解とは異なるオルタナティヴ視点を提供することによって情動調整が可能となる。CBTの中核をなすこのテーマは，1960年頃から検証されはじめた。まずスタンリー・シャクター（Stanley Schachter）とジェローム・シンガー（Jerome Singer）が今や古典となった研究で，アドレナリン注射によって生じる生理反応（血圧，呼吸，心拍数の増加）に対する情動（高揚感，怒り）レベルが被験者の知識に影響されることを実証した（Schachter, & Singer, 1962）。同じ頃，リチャード・ラザラス（Richard Lazarus）の研究チームは被験者に高ストレスの動画を見せ [5]，その反応が「評価とコーピング（appraisal and coping）」のプロセスに影響されることを確認している（Lazarus, 1993, p.7）。ほんの2例であるが，こうした基礎研究の積み重ねから認知と情動との関わりが明確となり，CBTの発展へとつながったのである。なかでも認知再構成（cognitive restructuring）と情動再評価（cognitive reappraisal）に注目が集まった（Goldfried, & Sobocinski, 1975 ; Gross, 2014）。共に体験の再評価（reappraisal）を基盤にした技法である。

　オルタナティヴ視点の提示は，広義には体験の再評価を目的とするが，**問題とされる認知とは異なる見解を提供するだけに留まる**という点において通常のCBTとは異なる。つまり，「不適切な」思考を「適切な」思考に変換することを主眼とするのではなく，クライアント自身も気づかない「新しいものの見方」の教示を目標とするのである。やんわりと「こういう違った解釈も可能ですよ」と新しいアイデアを提示し，クライアントを困惑させている認知はそのままにしておく。これはアクセプタンス・コミットメント・セラピー（Acceptance and Commitment Therapy : ACT）や弁証法的行動療法

（Dialectical Behavior Therapy : DBT）で実践されるアクセプタンス（acceptance）の姿勢である。

　支援におけるアクセプタンスの重要性についてはDBTの提唱者マーシャ・リネハン（Marsha Linehan）が，従来のCBTでは認知変容が過度に重視される傾向があると指摘し，次のように批判している。

　　現在スタンダードとなった認知療法および行動療法では，半ば強制的にクライアントの思考，感情，行動を変えようとする。クライアントの変化のみを強調する治療は（希死念慮をもつ境界例のクライアントにとって）齟齬を来たす。自らの体験が尊重されず批判されたと感じ，治療の中断につながるからである。
　　（Lynch, Chapman, Rosenthal et al., 2006, p.461 ［強調原文／引用者訳］）

　DBTは元来，境界性パーソナリティ障害（Borderline Personality Disorder : BPD）の治療法として開発されたが，現在では「新世代の認知行動療法」（熊野，2012）として幅広く活用され，以来，アクセプタンスの重要性が認識されるようになった。さらにエビデンスの検証から，一部の論者は認知再構成の必要性すら疑問視している（Longmore, & Worrell, 2007）。こうした事実に照らし合わせると，アクセプタンスに立脚したオルタナティヴ視点を提示する技法は，クライアントにも受け容れられやすく，効果を発揮すると考えられる。

　このアプローチによる介入が奏功したケースを紹介しておこう。クライアントは50歳半ばのシングルマザーで，2人の成人した息子と自宅で同居している。うち1人は20歳頃から寡黙，無為，妄想の症状を呈し，大学精神科を受診したところ統合失調症と診断された。薬物療法と心理治療により一時的に症状の改善が見られたが，本人は積極的に治療を求めず自宅でぶらぶらしている。時折，建設業に携わる友人から日雇い労働の声がかかって収入を得

るが，仕事は安定しておらず，自宅には生活費を一切を入れない。要するに「毎日ダラダラと生活している」状態である。この状況にどう対処すればよいか相談したいと筆者のもとを訪れた。

　支援にあたっては，クライアントの悩みについて共感的に理解し，良好な支援関係を確立させ，目標について協議した。その結果，①現状への具体的対策の検討と指示，②クライアントの情動調整，という2点が目標となった。具体的には，息子の治療拒否に対する対処法（例：診療の継続，規則正しい服薬），息子の生活態度の改善（例：部屋の掃除と整頓，就寝時間の確保），〈イネイブラー（enabler）〉[6] とならないコミュニケーションの取り方，クライアント自身のエンパワメントの4点に焦点を絞った。一進一退の繰り返しであったが，半年ほどして息子の態度も少しずつ改善しはじめ，クライアントも徐々に希望を取り戻しつつあった。

　こうしたなか，クライアントは涙ながらに，息子の統合失調症はすべて自分の責任であると，これまで誰にも打ち開けたことのない心中を語ったのである。息子は高校卒業後，自宅から離れた他州にある大学への進学を希望したが，高校での成績があまり優れなかったことから，しばらく地元のコミュニティカレッジに通い，その後に編入してはどうかとクライアントは息子に薦めた [7]。しかし，この提案に息子は激怒し，それ以来クライアントとはあまり口を利かなくなった。それから2年後に統合失調症が発症したのである。こうした経緯からクライアントは「もしあのとき，息子のしたいようにさせていれば統合失調症にはならなかった」と確信し，反芻思考による自責の念に駆られるに至った [8]。

　この状況で筆者は次のようなオルタナティヴ視点をクライアントに提示した。

　　母親の立場からすると「私が反対したことが原因となって息子の精神疾患が起こった」と考えたくなるのはもっともですね。もちろん，そう考えることも可能ですが，もうひとつ違った見方もあります。というのは，統合失調症の発病には何らかの遺伝要因とストレ

ス要因があると指摘されているからです [9]。つまり置かれた環境のストレスが発症に影響し，その度合いが強いほど発病しやすくなるということです。

　息子さんはたしかにあなたの言葉に激怒したけれど，その後も自宅という住み慣れた環境で一緒に暮らした。そして2年後に発病した。では逆に，もし彼が自分の希望した大学に何とか入学したと想像してみましょう。自宅からはるか遠く離れた，それこそ右も左もわからない町に移り住み，大学に通う。もちろん週末には自宅に帰ることもできない。親しい友人や家族も近くにおらず，彼にとっては文字通り生まれてはじめての独りぼっちの生活です。当分の間はホームシックにかかり，寂しい思いをするでしょう。これに加えて大学新入生としての学業と生活のストレスがかかる。この状況が相当厳しいことは言うまでもありません。こう考えると，息子さんの統合失調症の発症はもっと早かったのではないだろうかと私は推察しています。

　クライアントはこの返答にじっと耳を傾け，「今まではそんな風に考えたこともありませんでした。たしかに一理ありますね」と応えた。

　この例では，筆者はまずクライアントの見方を言い換えによって確認し，そのまま受け容れた（「母親の立場からすると『私が反対したことが原因となって息子の精神疾患が起こった』と考えたくなるのはもっともですね」）。これは〈アクセプタンス〉の実行であり，同時にイエスセットの適用である。続けて，「もちろん，そう考えることも可能ですが，もうひとつ違った見方もあります」というオルタナティヴ視点を提示した。まず統合失調症の発病要因についての概略を示し，それをクライアントの息子の状況に当てはめ，できる限り具体的な解説を施したのである。これは〈情報提供〉である。直接的な認知変容をねらうCBTのアプローチとは大きく異なることが理解できるであろう。クライアントは，筆者が提供したオルタナティヴ視点に納得し，

それまで悩まされていた罪悪感とそれに付随する反芻思考は激減した。同時に息子の生活態度，服薬の必要性，職探しなどについても，息子とのオープンな話し合いを望むようになり，これまでの過保護と過干渉に代わって，息子の自主性を促進させる接し方への方向転換が見られた。具体的には，息子に1週間に1度の部屋の掃除を要求し，約束の期日までに実行されなければ母親の一存で〈断捨離〉する，それが嫌ならば自分で整理整頓して母親のチェックを受ける，といった事柄である。クライアントはさらに自らのストレス解消のため，息子の発症以来はじめてリゾート地で休暇旅行を満喫した。

　クライアントを悩ませていた罪悪感と反芻思考については未だに生じることもあるが，その際は「これはひとつの可能性」と自己に言い聞かせることにしている。これは次に論じるタッチ・アンド・リターンの〈脱中心化〉の態度である。オルタナティヴ視点の提示はクライアントに思考の多様性を与えることにより情動調整を行うスキルであることが理解できるであろう。

④タッチ・アンド・リターン

　タッチ・アンド・リターンは，テーラワーダ仏典 [10] に記述された方法論をもとに筆者がアレンジしたマインドフルネスの実践法である（大谷，2014）。マインドフルネスの歴史的背景，理論，パラダイム，神経生理，臨床エビデンス，今後の課題といったテーマについてはすでに優れた概説書が日本語で刊行されているので（例：Crane, 2008；飯塚，2018；池埜，2017；井上，2003；Kabat-Zinn, 1990），ここではタッチ・アンド・リターンによる情動調整に絞って論じることにする。いくつかの研究によれば，数分のマインドフルネスでも情動調整が可能であることが示されており，効果のエビデンスは確立している（Friese, Messner, & Schaffner, 2012；Rahl, Lindsay, Pacilio et al., 2017；Zeidan, Johnson, Diamond et al., 2010）。

　まず最初に，タッチ・アンド・リターンの概略を記しておこう（大谷，2014, pp.131-142）。タッチ・アンド・リターンは4ステップから構成される。

1. ウォームアップ：クライアントは楽な姿勢で背筋を伸ばして腰かける。目は開眼，閉眼，半眼でも構わない。周囲に注意を払い，気づいたことを「気づいた」と認識する。
2. 呼吸の気づき：身体感覚，心的反応へと気づきを促し，呼吸に注意を向ける。
3. マルチモードの気づき：さまざまな気づきを確認しながら，注意が呼吸から離れたら再び呼吸に戻る。
4. 終了：数分間実践して終了する。

　このようにきわめて単純なプロセスである。実践時間はクライアントのニーズによって異なるが，通常3〜5分という短い時間で行うことができるのも特長である。もちろん熟練すると30〜40分にわたる実践も可能となるが，最初は支援者の誘導に従って行い，慣れてきたら単独で実行できるようになるのが好ましい。

　4ステップのなかで核心となるのは〈3. マルチモードの気づき〉である。**呼吸に意識を向け，呼吸から注意が逸れたらそれに気づき（タッチ），呼吸に戻る（リターン）**。実にシンプルな行動の繰り返しのようだが，これは至難の業であり，系統的な訓練を要する。殊に支援者からの誘導なく単独で行う場合，雑念が湧き〈気が散る〉ことになりやすい。仏教ではこれを木から木へ飛び移るする猿に譬えてモンキーマインド（the monkey mind）と呼ぶが，ニューロサイエンス研究により，デフォルトモード（the default mode）の関与によるマインドワンダリング（mind wandering／注意の散漫）に相当することが判明した（Hasenkamp, Wilson-Mendenhall, Duncan et al., 2012）。曹洞禅の開祖道元が只管打坐として標榜した非思量は，まさにマルチモードの気づきにほかならない。これがタッチ・アンド・リターンのエッセンスである。

　次に，〈2. 呼吸の気づき〉は身体感覚である。**呼吸の流れを単に〈頭で認識する〉のではなく，〈身体で感じる〉**のである。ソマティック心理療法として知られるフォーカシング（Focusing）ではこれをフェルト・センス（felt sense）と呼ぶが，タッチ・アンド・リターンでも同じである（Gendlin, 1962）。筆者は瞑想を始めて8年目にようやくこのことに気づいたが，テーラワーダ仏教学僧として瞑想研究で名高いアナラヨ比丘（Bhikkhu Anālayo）は，マインドフルネスの基盤は身体のフェルト・センスであるとし，神経生理学の固有感覚（proprioception）に見立てて次のように述べている。

> （固有感覚とは）身体をありのままに感じるフェルト・センスにほかならない。身体の感覚は〈今〉という認識を容易にし，マインドフルネスが〈ここ〉での存在を保つ役割を果たす。
>
> （Anālayo, 2018, p.13［引用者訳］）

　テーラワーダ瞑想教書には，上唇や鼻先に感じる呼吸の感覚についての記述が散見されるが，これは身体感覚の重要性を説いたものと解釈できる（Buddhadāsa, 1976）。

　加えて，タッチ・アンド・リターンにおける**注意の対象は呼吸に限らない**ことを強調しておきたい。マインドフルネスで呼吸が重んじられるのは，初期仏典に記述されているからである。仏教僧はこの訓練によって気づきを訓練し，ついには生活全般の行住坐臥において常時〈マインドフルになる〉ことが究極の目標とされる［11］。しかしながら支援場面では，なかでも疼痛など極度の身体不全感やトラウマ性の解離症状を示すクライアントにとって，呼吸に注意を払いつづけることは不快感の亢進にもなりかねない。こうした場合，オフィスにある時計の音や絵画といった周囲のものに注意を戻すタッチ・アンド・リターンが適している。伝統的な呼吸による〈内的マインドフルネス〉に対し，これは〈外的マインドフルネス（external mindfulness）〉（Fisher, 2017）とも呼ぶべき方策であり，手順は呼吸の場合と全く変わらない［12］。

　タッチ・アンド・リターンによる情動調整のケースを紹介する前に，治療メカニズムについて簡単に言及しておこう。現時点で有力視されているのは

脱中心化（decentering）説である。脱中心化とは「思考や感情を脳内に生じた現象と客観的にとらえ，主観的に関与しない心的過程」（Hayes-Skelton, & Graham, 2013, pp.318-319［引用者訳］）と定義される。つまり，**不安や抑うつを一時的な心的反応とみなし，〈そのままにしておく〉態度**と考えてよい。これは森田療法でも重視される姿勢であるが，タッチ・アンド・リターンでは〈マルチモードの気づき〉として取り組み，呼吸に戻ることによって脱中心化を図る。

　脱中心化と並んで注目されるもうひとつの理論は，ニューロサイエンス研究によって明らかになった，神経可塑性（neuroplasticity）によるデフォルトモード・ネットワーク（the default mode network）の変化説である（Berkovich-Ohana, Glicksohn, & Goldstein, 2012 ; Hölzel, Lazar, Gard et al., 2011）。神経可塑性とは体験による脳機能および構造の変化，そしてデフォルトモード・ネットワークとは〈アイドリング状態にある脳の機能結合〉を意味する。いわば，タッチ・アンド・リターンの実践によって**脳機能が変わり，これによって情動の調整が可能になる**という考えである。これを研究対象とした学術論文は相当数に上るが，方法論の問題から結論を導くには慎重を期さねばならない（Goleman, & Davidson, 2017）。現時点では，情動反応をつかさどる扁桃体（the amygdala）とデフォルトモードの関与によることが判明している（Davidson, & Lutz, 2008 ; Gentili, Ricciardi, Gobbini et al., 2009 ; Taren, Gianaros, Greco et al., 2015）。念のために記しておくが，ニューロサイエンスの見地は脱中心化説と相反するのではなく補完するものであり，エビデンス検証とともにマインドフルネスの理解と応用には不可欠の課題として，今後の展開が期待される。

　タッチ・アンド・リターンを用いた情動調整の例として，筆者が担当したケースを紹介しておこう。クライアントはパナマ出身のヒスパニック系女性で，米国人男性と結婚し，20数年前アメリカに移住した。3人の息子を授かって幸せな生活を送っていたが，一家の大黒柱であった職業軍人の主人が数年前にPTSDの診断を受け，退役を余儀なくされた。軍人年金だけでは家計が

第8章　不快な感情を緩和する　　169

苦しく，以来クライアントはスペイン語教師として地元の高校で教え一家を
支えている。教えるのは好きだったが，フルタイムのスケジュールは想像よ
りも厳しく，さらに教師と生徒，時には教師間のトラブルが多発したことか
ら抑うつ気味となり支援を求めることになった。

　このケースでもまず支援関係の構築を念頭に置いた。殊に精神的な葛藤と
苦しみからの救いを求めるクライアントにとって，支援者の傾聴と共感は〈癒
し〉となり，それによって支援関係が〈安全な場〉[13]となることを決して
過小評価してはならない。このクライアントの場合，抑うつ気分はあったが
仕事は続けられており，家族とも良好な関係にあることが確認できた。抑う
つ障害には至っていなかったのは幸いであった。信頼にもとづく支援状況が
整った時点でタッチ・アンド・リターンを紹介したところ，「ストレスに効く
ならぜひ試してみたい」という返答があり，早速オフィスでトライすること
になった。筆者が用いた教示は次のようなものである。

　　①ではソファーに座ったまま楽にしてください。目は開けたまま
　でも，閉じても，半眼でも結構です。私の言葉に答える必要はあり
　ません。こうしてじっと座っていると，いろいろなことに気づくで
　しょう。壁時計のカチカチという音，廊下の物音。（間）それらに気
　づいたら「気づいた」と確認します。
　　②身体の感覚はどうですか？　ソファーにもたれかかった背中，
　肘かけに置いた左手，フロアの感覚。（間）特に意識するのではな
　く，気づいたことを確認するだけです。
　　③もちろん心の反応にも注意が向くでしょう。（間）私の言葉に対
　する反応，いろいろな考えや感情が思い浮かぶかもしれません。こ
　れらにも気づいたら「気づいた」と意識するだけです。簡単ですね。
　こうして周囲の出来事，身体の感覚，心の反応に気づきながら，今
　度は呼吸に注意を向けてみましょう。
　　④といっても呼吸のペースを変えるのではありません。これまで

と同じように単に気づくだけです。（間）呼吸に気づいたら，次に注意はどこに向かうでしょう。周囲，身体，心とさまざまです。どこに行くかわかりませんが，何に気づいても，再び呼吸に意識を向けます。複数のことに気づいたら，それを認識してまた呼吸に戻ります。**もし特定の感覚やイメージ，考えなどが消えないようであれば，それを遠くから眺めるようにして，呼吸に注意を払います。嫌な考えやマイナスの感情が起こってもそのままにして，呼吸に戻ってください。**

⑤これをしばらく繰り返し，ここでストップしていいと感じたら，もう一度呼吸に注意を向けて終了です。

　教示の第1パラグラフはウォームアップ，続く第2・3パラグラフが呼吸の気づきへの誘導である。指示では「間」を入れてクライアントの反応を促しながら，注意を外面から内面へと進めていく。そして次の第4パラグラフで，タッチ・アンド・リターンの核心となるマルチモードの気づきを導入する。呼吸に注意を向けるようにという指示に対し，ほとんどのクライアントは呼吸のペースを変えようとする。しかし，タッチ・アンド・リターンはありのままの呼吸の観察であり，深呼吸によるリラクセーションやヨーガで実践される呼吸の統制（プラナーヤマ）とは異なる。呼吸パターンの変化が顕著な場合，それに気づくことを教示するのもクライアントにとっては貴重な体験となる。

　第4パラグラフにおける強調部分は，反芻思考の脱中心化（「もし特定の感覚やイメージ，考えなどが消えないようであれば，それを遠くから眺めるようにして，呼吸に注意を払います」），およびマイナス思考と感情のアクセプタンス（「嫌な考えやマイナスの感情が起こってもそのままにして，呼吸に戻ってください」）に関する指示である。

　ほんの数分間の実施だったが，「ひさしぶりに気持ちがスッキリして落ち着きました」とクライアントは微笑みを浮かべた。タッチ・アンド・リターン

第8章　不快な感情を緩和する　　171

はスキルであり，自宅での訓練が好ましいと伝えたところ，「どれくらい練習すればいいですか？」という質問が返ってきた。このような問いかけには，「今日から次のセッションまで毎日これを行うとしたら，何分ぐらいできますか？」と尋ねるようにしている［14］。クライアントの自発性を促進させ，モチベーションを高めるためである。クライアントから「5分」という回答があったので，1回5分または1分ずつ5回の合計5分でも構わず，ともかく毎日続けることを強調した。単独での実践は難しいため，もう一度タッチ・アンド・リターンを行い，それをスマホに録音して自宅で聞くように指示した。支援においてはこうした細かい配慮が効を奏することを忘れてはならない。以来，クライアントはタッチ・アンド・リターンを続行している。

まとめ

　1990年代初頭から脚光を浴びはじめた情動調整は，今や支援において欠かすことのできない概念およびスキルとなった。この背景には情動調整が単なる〈不快感の緩和〉のみならず，自らの感情を上手に対処できるという自己効力感（self-efficacy），およびマイナス感情の受け入れ（アクセプタンス），それに耐える能力の向上が大きく関わっている（Berking, Wupperman, Reichardt et al., 2008）。本章ではまず情動と情動調整を定義し，次いで支援において活用できる2種類の特定スキルについて論じた。オルタナティヴ視点の提示は認知再構成に似たアプローチであるが，思考や感情のアクセプタンスが取り入れられている点で従来のCBTの技法とは異なる。一方，タッチ・アンド・リターンは仏教瞑想から派生したマインドフルネスの原則を踏襲しており，脱中心化と脳機能（デフォルトモード・ネットワーク）の変化がメカニズムと考えられている。共に支援において重要な役割を果たすスキルであり，幅広い応用が期待できる。

註

[1] 恥と慚愧は同義語とみなされやすいが，仏教学者の井上ウィマラ師の教示によると，前者は「世間体を意識したときに，ばかにして笑われるのではないか」という社会的概念であるのに対し，後者は「取り返しのつかないことをしたと強く悔やむ」「良心の呵責」という自責の念である点において異なる。英語のembarrassmentとshameの相違に相当する（大谷，2017-a，p.51）。

[2] グロスは情動発生前の調整を「先行焦点型（antecedent-focused）」，発生後の対応を「反応焦点型（response-focused）」と命名し区別している（Gross, & John, 2003, p.348）。

[3] ダニエル・ゴールマン（Daniel Goleman）とリチャード・デイヴィッドソン（Richard Davidson）は，マインドフルネスによる情動調整を繰り返すことにより，その効果が単なる状態（state）から特性（trait）に変化すると論じている（Goleman, & Davidson, 2017, pp.97-99）。この指摘は，扁桃体の神経可塑性（neuroplasticity）というニューロサイエンスのエビデンスを踏まえていると推察される。

[4] 同様の差異は疼痛緩和においても見られることを，ピエール・レインヴィル（Pierre Rainville）が画像診断を用いた研究で報告している（Rainville, 2002 ; Rainville, Carrier, Hofbauer et al., 1999）。

[5] 参考までに動画の内容を記しておこう。「オーストラリアのアルンタ先住民が男性成人式儀礼として行う尿道割礼手術，および工芸技術クラスを教える教員を対象にした，作業中の鍵盤炸裂事故から出血死を起こしたり，指切断などを記録したドキュメンタリー」の2本が特に役立ったとラザルスは述懐している（Lazarus, 1993, p.6）。

[6] イネイブラー（enabler），イネイブリング（enabling）とは，依存症や慢性疾患を抱える人物に対し，問題を維持させている人物（イネイブラー），もしくは問題を維持させる行為（イネイブリング）を指す。このクライアントの場合，同居する息子に対して何のルールも設けず，過保護に扱うことがイネイブリングとなっていた。

[7] アメリカの大学進学制度は日本の受験システムとは異なり，学力適性試験（Scholastic Aptitude Test : SAT）と呼ばれる共通テストスコアに，高校での成績，課外活動，教師の推薦などの諸要素を加え，総合的に合否が決定される。

[8] 「もし〜が起こったら…」「もしあのとき〜してい（なけ）れば…」「〜するべきであった（なかった）」などの反芻思考に特有のパターンを，認知心理学では反実仮想思考（counterfactual thinking）と呼ぶ。反実仮想思考はトラウマ体験後に生じやすい（El Leithy, Brown, & Robbins, 2006）。

[9] 内因（遺伝）要素と外因（ストレス）要素の相互関連にもとづく見解をストレス脆弱性モデル（the diathesis-stress model）と呼ぶ。心理－社会ストレスが統合失調症発症の引き金になる可能性のエビデンスについては，Corcoran, Walker, Huot et al. (2003),

およびLim, Chong, & Keefe（2009）が論じている。

[10]『中部経典（Majjhima Nikāya）』118,『アーナパーナサティ・スッタ（the Ānāpānasati Sutta）』を参照されたい。

[11]タイの高僧アーチャン・チャー（Ajahn Chah）師のもとで受戒したアーチャン・チャヤサーロ（Ajahn Jayasaro）師は，呼吸が退屈な行為であり，だからこそ気づきの訓練手段としては最適であると述べている。ユーモアに富むコメントであるが，これは的を射た指摘である（Ajahn Jayasaro Dhamma Talks, 11-19-2016）。

[12]神経生理学の観点から見れば，内受容性感覚（呼吸）の知覚か，外受容性感覚（外部の刺激）の知覚か，という相違に過ぎない。

[13]支援における共感，および〈安全な場（a safe place）〉，〈安心できる対象（a safe object）〉の意義については，大谷（2017-a, pp.55-58）で詳述した。

[14]これはマインドフルネス研究の第一人者リッチー（リチャード）・デイヴィッドソン（Richard Davidson）が教える賢明なアプローチである（Harris, 2016）。

第9章

健全な自己イメージを確立する
自我強化スキル

本章で取り上げるメインテーマ

1．自我強化の定義と背景
　　①自我強化の定義
　　②自我強化の背景
2．自我強化のスキル
　　①マイナス思考の修正
　　②仮想の自己
　　③自己の見直し

自我強化の定義と背景

①自我強化の定義

　自我強化（ego strengthening）という用語には馴染みがないかもしれないが，「困難な状況に対処もしくは適応する能力を伸ばし」（Lavertue, Kumar, & Pekala, 2002, p.2［引用者訳］），その結果「（クライアントの）自信と自尊心を高めること」（Heap, & Aravind, 2002, p.126［引用者訳］）を意味する。本来は精神分析家の間で用いられた概念だったが（Carson, & Selesnick, 1959），イギリス人精神科医で催眠療法に造詣の深かったジョン・ハートランド（John

Hartland）がクライアントの〈自己に対する信頼（confidence in self）〉を強化するテクニックとして紹介したことから広く知られるようになった（Hartland, 1965, 1971）。定義の前半，「困難な状況に対処もしくは適応する能力」はストレス・コーピング能力，広義にはリジリエンス（resilience）（Werner, & Smith, 1992）やハーディネス（hardiness）（Kobasa, 1979）に，後半の「自信と自尊心を高めること」は自己効力感（self-efficacy）（Bandura, 1977）に近い。共に支援において欠かすことのできない概念であり，両者を統合させた自我強化は応用範囲が広く，実践においても効果を発揮する。

②自我強化の背景

　逆境にめげず，困難に打ち勝ち，自己を築き上げるといった，自我強化の根本とされる発想は決して新しいものではなく，これを表わす表現は古今東西に散見できる。かつて貴乃花と若乃花の兄弟横綱がそれぞれの昇進伝達式で口上して一躍有名となった〈不惜身命〉や〈堅忍不抜〉などはこの典型である。英語では "pull（oneself）up by（one's）own bootstraps（自力でやりとげる）"，"take the rough with the smooth（万事何なりとやってあげる）"，"when the going gets tough, the tough gets going（困難には強靭さで立ち向かう）" といったイディオムがあり，いずれも苦境に直面しても強靭な自己を維持し，成功を収めることを意味する。

　自我強化が自己啓発スキルとして欧米で拡がりはじめたのは1920年代のことである。皮切りとなったのはエミール・クーエ（Emile Coué）の自己暗示（autosuggestion）である（Coué, 1922）。単純なフレーズの反復が潜在意識に組み込まれ，それによって自ずと自己変革が成就するという考えである。少々胡散臭い理屈であるが，大衆にとっては魅力的であり瞬く間に広まった。音韻が整い，響きも良いことから，アメリカ人なら必ず一度は耳にしたことのあるフレーズは次のようなものである。

Day by day, in every way, I'm getting better and better.
（来る日も来る日も，何もかも次々に良くなる）

(Coué, 1922, p.7 ［引用者訳］)

　クーエに触発され，アメリカでは〈ワン・センテンス〉による自我強化を目的とした自己啓発のメッセージがその後も流行する（Horowitz, 2014）。大衆向けの一般書が次々と出版され，いくつかは日本語にも翻訳された。なかでもデイル・カーネギー（Dale Carnegie）*How to win friends and influence people*（1937／［邦訳］『人を動かす』），*How to stop worrying and start living*（1948／［邦訳］『道は開ける』），ナポレオン・ヒル（Napoleon Hill）*Think and grow rich*（1937／［邦訳］『思考は現実化する』），ジョシュア・リーブマン（Joshua Liebman）*Peace of mind*（1946／未訳），クロード・ブリストル（Claude Bristol）*The magic of believing*（1948／［邦訳］『信念の奇跡』）など半世紀以上過ぎた今日でも読み継がれている。多くは自己肯定（self-affirmation）と自尊心の養成をねらいとするが，なかには一攫千金（get rich quick）をもくろんだ著作も見受けられ，自我強化とは隔たりがある。欧米でのこうした〈セルフヘルプ〉を背景に，ハートランドの自我強化が発案されたのである。彼は以下の英語フレーズを用いた。

Every day...*you* will become...and *you* will remain...*more and more completely relaxed..., and less tense each day...both mentally and physically.*
（毎日……（あなたは ［1］）リラックスし……もっともっと完全にリラックスを続ける……心も身体も……毎日緊張感が薄くなる）

(Hartland, 1965, p.91 ［強調原文／引用者訳］)

　ハートランドの原文からはクーエの影響が明らかに読み取れる。クライアントによる自己暗示ではなく，支援者が直接指示を繰り返すテクニックであ

第9章　健全な自己イメージを確立する　　　177

る。しかしこのアプローチはその後，大きく変容することになる。

　それがミルトン・エリクソン（Milton Erickson）の影響を受けた自我強化の登場である。指示の与え方に直接法と間接法があるように（第7章参照），自我強化もハートランド式の支援者がリードする〈直接的〉方法と，すでにクライアントに内在する能力や体験，性格特性などを利用する〈間接的〉方法に大別できる。間接自我強化の主唱者シャーリー・マクニール（Shirley McNeal）とクレア・フレドリック（Clare Frederick）は自我強化の本質を次のように記述し，クライアントに潜む〈隠れた強さ（Inner Strength）〉[2] に着目した（Frederick, & McNeal, 1993 ; McNeal, & Frederick, 1993）。

　　　自我強化の大半は**間接的**に生じるものであり，クライアントには**支援者とのアライアンスおよび洞察の深化，思考の明瞭化，さらには自尊心の向上**と感じられることが多い。（中略）自我強化のプロセスはクライアントの内的構造の発展とその内在化を促進させるとみなしてよい。　　（McNeal, & Frederick, 1993, p.170［強調・引用者訳］）

〈隠れた強さ〉については，次のように述べる。

　　　〈隠れた強さ〉は葛藤の存在しない自我状態である，と我々は考えている。多くの場合，クライアントの無意識の奥底に横たわり，休止状態にあるが，支援者の指示によってアクセスすることが可能である。
　　　　　　　　　　　　　　　　　　　　　（同上，p.172［引用者訳］）

　自我強化のカギとなる〈隠れた強さ〉は，リジリエンスや自己効力感に等しい概念であるが，支援者が直接指示を与えて強化する性質のものではない。むしろ**クライアントに潜むポジティヴな心的リソースを支援のプロセスから探索し，それを活用するのである。それによって自我強化は自ずと生じる**という主張である。これは新しいパラダイムであり，ハートランドの手法と真っ

向から対峙することは一目瞭然であろう。マクニールとフレドリックの自我
強化法はミルトン・エリクソンの薫陶を受けているが，必ずしも催眠を必要
とせず，支援一般において応用できるのが特長である〔3〕。

自我強化のスキル

　ここまで論じてきたハートランドの自我強化は，スキルという観点から見
ると，タイミングを見計らった「クライアントの自尊心を向上させる」直接
指示の反復による方法である（第7章／pp.141-144）。そして，クライアント
の〈隠れた強さ〉にアクセスする間接的な自我強化法であるという特徴があ
る〔4〕。マクニールとフレデリック，さらに同僚のマギー・フィリップス
（Maggie Phillips）たちが著した数多くの論文とテキストを渉猟すると，それ
らの方法論に共通するいくつかのパターンが浮かび上がってくる（Frederick,
& McNeal, 1993, 2013 ; McNeal, & Frederick, 1993 ; Phillips, 2001 ; Phillips,
& Frederick, 1992）。
　まず第一に，**クライアントが気づかずにいるプラス体験の想起と活用**とい
うパターンがある。現在や過去の体験を自我強化のために用いるスキルは，
カウンセリングではアビリティ・ポテンシャル（ability potential）と呼ばれ
る（Cormier, & Cormier, 1979, pp.80-82）。応用例を挙げると，大企業の係長
に昇進した男性が部下の指導の難しさに直面し，管理職としての自信喪失に
陥った。真面目で部下への面倒見はいいのだが，トラブルを起こしたり成果
の上がらない部下を注意・指導することが苦手であった。家族構成は，妻と
21歳の息子を筆頭に4人のティーンエージャーがいる。父親として子どもの
しつけにも積極的に関わり，失敗もあったが良好な関係を保っていた。子ど
ものしつけと部下の指導は同一ではないものの共通面もあり，同じスキルが
使えることを指摘したところ，クライアントは納得した。これが起点となり
クライアントは週1回のグループミーティングおよび部下との定期的な個人

第9章　健全な自己イメージを確立する　　　179

ディスカッションを始め，これによって部署全体の人間関係が改善され，クライアントは自信を取り戻した。これが〈隠れた強さ〉による自我強化の例である。

　次に，クライアントの**プラス体験を近未来の出来事としてイメージさせ，自我強化を図る**というパターンが挙げられる。支援の目標設定に活用する〈ミラクル・クエスチョン〉も将来を予測させるテクニックであるが（第5章／pp.92-93），問題解決や行動変容を未来に投影させる自我強化はエリクソンが催眠治療として開発した（Erickson, 1954）[5]。すでに言及したようにフィリップスとフレデリックは自らの臨床経験から，支援者とクライアントとの間に「健全で積極的なアライアンス」があれば，催眠なしでも十分に効果が期待できると述べている（Phillips, & Frederick, 1992, p.101）。

　マクニールとフレデリックの著作からわかる自我強化の3番目のパターンは，クライアントに内在する**健全な自我状態の特定と活用**である。これはジョン・ワトキンス（John Watkins）とヘレン・ワトキンス（Helen Watkins）による自我状態療法（Ego State Therapy）を踏まえたものである（Watkins, & Watkins, 1981, 1997）。理論と技法の詳細はワトキンス夫妻の著作に委ねるが，自我強化への適用についてマクニールとフレデリックは次のように述べている。

　　（自我状態療法を活用した方法は）健全でポジティブな人格の交流を
　　活発化させ，それを未熟でネガティブな心的状態に拡張させること
　　によって，自我の強化を図るのである。
　　　　　　　　　　　（McNeal, & Frederick, 1993, p.171 ［引用者訳］）

　この引用から明らかなように，クライアントの「健全でポジティブな人格」を引き出し，これを困難な場面や状況，ネガティブな性格特性に当てはめることによって，問題の解決および傷ついた自尊心の癒しと回復を図るのである。
　以上がマクニールとフレデリックによる自我強化のパターンであるが，ハー

トランドの直接的な方法と全く異なることが理解できるであろう。ここから
は，直接的な方法（マイナス思考の修正）と，間接的な方法（仮想の自己お
よび自己の見直し）という計3種の自我強化法について論じることにする。

①マイナス思考の修正

　自我強化といえば通常，プラス思考の強化と考えられがちであるが，実は
マイナス思考の修正をねらう指示のほうがより効果的であることが知られて
いる（Schwartz, 1986 ; Schwartz, Reynolds, Thase et al., 2002）。そのため支
援では，**まずクライアントを苛むマイナス思考を払拭させるような指示を与
え，これを確認してからプラス思考の促進へと進む**のが原則である [6]。

　ハートランドが推奨した直接指示によるマイナス思考の修正は，米国アカ
デミー賞2部門の受賞に輝いた名作 *Good will hunting*（「グッド・ウィル・ハ
ンティング／旅立ち」〈Bender, & Van Sant, 1997 ／日本公開1998年）に描
かれている。映画では，マット・ディモン（Matt Damon）扮するウィルは数
学の天才でありながら，幼少期の虐待によるトラウマが原因となり，名門大
学の夜間用務員として働いている。これに気づいたサイコロジスト役ショー
ンを演じるロビン・ウィリアムス（Robin Williams）は彼の支援を始める。信
頼関係が確立され，ウィルの人生は好転するが，ガールフレンドとの些細な
もつれから過去のトラウマが再燃し，再び危機に陥った。この時点で自我強
化が行われる。支援に携わるショーンはウィルをじっと見つめ，ひたすら "It
was not your fault！（虐待が起こったのは君のせいじゃない！）" と繰り返す
のである。思わず涙を誘う名場面であり，またマイナス思考の修正をねらっ
た直接指示の見事な描写になっている。自我強化のスキル理解のためにもぜ
ひ本作を観ていただきたい [7]。

②仮想の自己

　直接的な自我強化に対し，間接的な自我強化ではクライアントに〈隠れた
強さ〉を引き出すと先に述べたが，これは社会構成主義（social construc-

第9章　健全な自己イメージを確立する

tivism）と呼ばれる認識論の視点に立つと理解しやすいであろう。〈仮想の自己〉のスキルを解説するに先立ち，社会構成主義について一言触れておこう。我々にとって〈現実〉とは個々の体験の集大成であり，これにフィットする認知スキーマによって意味づけて理解する（Neimeyer, 1993）。筆者は〈認知アプリ〉のダウンロードという譬えを使って，クライアントに説明している [8]。具体的には，〈認知アプリ〉には標準装備のアプリと後から必要に応じてダウンロードされる追加装備アプリがあり，それぞれ遺伝による先天性の認知スキーマ，幼児期から青年期にかけての体験やニーズによって更新される後天性の認知スキーマに対応する。このハイブリッドの認知アプリによって我々は〈現実〉を分析し，日常生活でのトラブル予想，問題解決，対人関係などに対応している。認知アプリがスムーズに機能すれば自己充実感をもたらすが，現状に整合しないとトラブルが続出し，最悪の場合には慢性の危機を引き起こす。これを防ぐには認知アプリの〈ヴァージョンアップ〉が必要とされ，それによって〈隠れた強さ〉にアクセスするのである。

　〈仮想の自己〉による自我強化では，**自分の問題を第三者が解決する姿をクライアントにイメージさせて内在化させる**。イメージを用いた一種の模倣学習（modeling）であるが，いわば他人の認知アプリを借りる〈ヴァージョンアップ〉である。シンプルに聞こえるが，必ずしも実践するのは容易ではない。クライアントには**イメージした有能な第三者の「役を演じる（role taking）」**ことが要求され，文字通り〈仮想の自己〉として振る舞わねばならないからである。

　実践の手順としては，まずクライアントの問題を上手に対処できる適切な人物を特定することから始める。恩師や信頼できる知人などが最適だが，もしそうした人物がいなければ，尊敬されている実在の人物，目的に適った映画やテレビ番組のキャラクター，小説の登場人物でも構わない [9]。最も重要なポイントは，**クライアントがイメージしやすく，問題解決とコーピング能力に長けた人物を選ぶ**ことである。選択が完了したら，次にクライアントはこの人物を思い浮かべ，もし彼（女）が自分のトラブルやストレスに遭遇

182　　　　　　　　　第Ⅱ部　実践編

したら，どのように立ち向かい，対応し，克服するかをイメージする（数分にわたり克明に行う）。終了したら，今度は自分がその人物であると仮定し（仮想の自己），再び同じイメージを繰り返す。「有能な自己」による一種のイメージトレーニングである。その後，クライアントは〈仮想の自己〉をイメージしながら支援者と問題解決のロールプレイを行ってもよい。このようなシミュレーション体験を土台として，クライアントは現実のトラブルに取り組み，新しい自己概念が形成するのである。このプロセスが〈仮想の自己〉を用いた自我強化である。

　〈仮想の自己〉を応用した自我強化の実践例を記しておこう。高校を卒業した18歳の女性が，抑うつ気分を訴えて筆者のクリニックを訪れた。詳しく話を聴くと，ある出来事について母親が誤解し，一方的にクライアントを責め立てたという。クライアントは事情をはっきりと説明したかったが，感情が高ぶってつい泣き出してしまい，何も言えずにそのまま自室に引き下がった。それ以来，母親に対する苛立ちと自分への憤りから忸怩たる思いが頭から離れない。さらに大学進学を目前に控えており，このままでは自分は駄目になってしまう，というのが主訴であった。

　このようなケースでは，なぜ母親に対して自己主張できなかったのかという原因が追究されがちだが，こうした探索はクライアントの後悔と不全感をかえって深刻化させかねない。これに対して自我強化は母親への接し方を具体的に示すとともに，クライアントの自尊心を高める。こうしたことを考慮して〈仮想の自己〉を適用することにした。上記のプロセスに従い，母親との会話の場面で自分の立場をクールに説明できる人物について尋ねたところ，クライアントは友人の一人（女性）を思い浮かべた。彼女が母親にどう対処するかを想像するよう指示すると，しばらく目を閉じ，友人と母親とのやりとりが具体的にイメージできた。この時点で筆者は，「友人は今どのような気持ちでしょうね……想像してください」と述べた後，「その感情を自分に移して，今度は彼女の気持ちでお母さんに言いたかったことを告げてください。もしサポートが必要なら，友人の彼女も一緒にイメージして構いませんよ」

と指示した。数分後，クライアントは目を開け，「母に全部言いました。何だか気分がスッキリしています」と答えた。その後，イメージに次いで具体的な事項（いつ，どこで母親と実際の会話をするか，何を強調するかなど）を検討し，セッションを終えた。数日後クライアントから母親にすべて説明し，誤解が解けたという連絡があった。クライアントはこの体験から自信を取り戻し，2週間後，予定通り大学の新学期に臨んだ。〈仮想の自己〉が奏功した自我強化の応用例である。

③自己の見直し

〈仮想の自己〉では第三者のイメージを利用するが，〈自己の見直し〉では**クライアントが実行できずにいる行動や態度を実行してもらうことによって**自我強化を行う。できないと信じていた難題にチャレンジしたところ思わず成功を収め，その結果「やればできる」という信念を得たという体験談をよく耳にするが，これは〈自己の見直し〉による認知アプリのヴァージョンアップとみなすことができる。体験の振り返りから生じる自己概念の変化は，社会心理学で自己知覚理論（self-perception theory）（Bem, 1972）と呼ばれる。森田療法の創始者・森田正馬は「外相整えば，内相自ずから熟す」という名言を残したが（帚木，2013；森田，1975）[10]，これは自己知覚理論に通底する考え方である。

これに対し，臨床心理学ではジョージ・ケリー（George Kelly）がパーソナル・コンストラクト（personal construct）という概念による理論を打ち立て，社会構成主義の草分け的存在となった。彼はクライアントにとって有益な役割を与え，それを体験させる役割固定法（fixed role therapy）というアプローチを考案している（Kelly, 1973）。アドラー心理学でもこれに似た〈「あたかも」テクニック（"as-if" technique）〉（Mosak, & Dreikurs, 1973）が活用される。「〜しようと思うのだが（…できない）」「〜するべきだが（時間がない）」などと述べるクライアントに対し，「来週1週間，あたかも〜ができると仮定して振る舞ってください」と指示し，クライアントが回避している行動を取

るよう促すのである。鎌田（2003）が記述した「モデル人格」の催眠プロトコルも，同じ原理に基づくアプローチである。いずれにせよ，これらのアプローチに共通する原則は，**クライアントに適切な行動を取らせることによって不適切な思考と態度を修正し，自我強化を行う**ことである。これは思考を第一義とみなす認知理論とは大きく異なる。

「〜するべきだ」と認識しつつも，モチベーションの欠如から行き詰まったクライアントにとって，自我強化に導く行動を一定期間実行することは至難の業である。支援者はこの事実をしっかりと把握し，途中で挫折しないようクライアントを励ましつづけねばならない。困難を軽減させる策として〈仮想の自己〉を組み合わせるのも効果的だろう。第三者のイメージによって行動を維持させるからである。

〈自己の見直し〉の実践に際し，新しい行動に慣れて認知アプリの〈ヴァージョンアップ〉を完了するまでには約30日を要すること[11]，忍耐が欠かせないこと，失敗しても決して自分を責めないこと，という3点を筆者はクライアントにあらかじめ忠告している。スマホにダウンロードした新しいアプリを自由に使いこなせるようになるプロセスと同じ原理である。クライアントは適切な行動を継続するフラストレーションに耐えることにより，自己に対する寛容な態度を培う。このプロセスそのものが自我強化であることは繰り返すまでもない。

〈自己の見直し〉の自我強化としては，次のケースが参考になるであろう。クライアントは60歳半ばの女性である。慢性疲労症候群（Chronic Fatigue Syndrome : CFS）[12]と診断され，主治医からリウマチ専門医を紹介された。CFS特有の労作後倦怠感（post-exertional malaise）が伴い，発作性の全身疼痛を訴えたことからオピオイドを処方された。幸い依存症は併発しなかったが，疼痛は完全には消失しなかった。こうした状態が数年続いた後，かかりつけのリウマチ医が引退し，引き継ぎの専門医から治療を受けることになった。驚いたことに新しい医師はオピオイドがCFSには効果のないこと，逆に慢性疼痛の維持する可能性すらあると指摘して服用中止を命じた。クライア

ントは躊躇したが決心し，精神科医の指導を受けながら数週間かけてオピオイドの服薬を打ち切り，この時点で支援を求めることになった。

　このクライアントは以前に他のケースで担当したことがあり，信頼関係は十分に確立されていた。数年にわたるオピオイド使用停止から下痢，不眠，不安感，抑うつ気分といった退薬症状 [13] が続き，ひと月ほどは車の運転や一人で買い物に行くことすらままならないという。精神科医からは症状安定のために催眠剤と抗不安薬を処方されていたが，オピオイドの体験に懲りたクライアントは服用を拒んでいた。

　こうした経緯を把握した段階で，今後期待する生活はどのようなものかと尋ねたところ，家族に頼らず自分一人で買い物に行き，友人たちとランチを楽しんだり，家族との生活をエンジョイしたいと述べた。マクニールとフレデリックの近未来を予測させるテクニックにミラクル・クエスチョン（第5章／pp.92-93）をかけあわせた目標設定である。次いでそれが実現するには何が必要かと尋ねたところ，クライアントは身体症状の軽減，および体力増強の2点を挙げた。とはいえCFSおよびオピオイドの退薬症状に悩まされていることから，果たしてこれが可能かどうか自信がないとも述べた。そしてこの時点で自我強化の導入となったのである。

　まずクライアントの否定的な見通しに対して，現時点の状況を反映した予想に過ぎず，もしそれに「はまって」[14] しまえばその通りになると指摘した。これは前章で論じた脱中心化の原則を反映させた，思考と現実を切り離すコメントである（第8章／p.169）。クライアントはこれに同意し，どうすればよいだろうかと積極的な態度を示した。相談の結果，症状へのコーピングにタッチ・アンド・リターンを行う，体力強化のために軽いエクササイズを始める，一人で外出できるようになるまで友人たちとインターネットでコンタクトを取る，という3点に決まった。これに加えてモチベーション維持のため，クライアントは日誌をつけ，進捗状態をセッションごとに報告することにも合意した。すべて〈自己の見直し〉を念頭に置いた方策である。

　とはいえ，退薬症状とCFSによる倦怠から最初はスムーズに進まず，終日

ベッドから起き上がれないこともしばしばであった。しかし何かひとつ，数分でも構わないからプランを実行するようにという指示を思い出し，精一杯努力した。何度も途中であきらめようと思ったが，これも一時の迷いと考え直した。後にクライアントは，「新しい認知アプリのヴァージョンアップには時間がかかりますよ。できないときは決して自分を責めないように。また明日あるんだからね」という筆者の言葉を何度も噛みしめたと述懐した。

　紆余曲折を繰り返しながらも，2週間ほど経過した頃から，状況は少しずつ好転しはじめた。症状の有無にかかわらずタッチ・アンド・リターンを実践し，友人たちとはほぼ連日スマホで連絡を取り合った。エクササイズも当初は5分ほどしか歩けなかったが，10分歩いても倦怠感が出ないようになった。3週間を過ぎた頃からはCFSの症状も改善しはじめ，20分散歩できるまでになったが，それ以上行うと翌日に影響することに気づいた。クライアントは当時を振り返り，「まるで自分の心と身体の取り扱い方を学んでいるようでした」と述べ，これを〈個人用トリセツ（the personal user's guide）〉と呼ぶことにした。それから数カ月を経た現在では運転も自由にできるようになり，息子と一緒に野球を観戦しに行ったり，友人たちとはコンサートに行けるようになるまで回復している。オピオイドの退薬症状はすっかり消え，CFSの倦怠感と疼痛発作は継続しているが，〈個人用トリセツ〉によるコントロールを通じて，レベルも低下した。クライアントは「リウマチへのオピオイド使用については後任医師の判断が正しかったと思います。ストレスが重なったり，家事をしすぎたりすると翌日必ず倦怠感に襲われますが，オピオイド服用時に比べるとずっとましです。はじめは半ばあきらめていましたが，自信を取り戻しました。これまでとは違い，〈個人用トリセツ〉があるのでCFSとも仲良くやっていけそうです」と述べた。筆者が日本には〈晴耕雨読〉という言葉があると伝えたところ，クライアントは"That's it！（その通り！）"と笑顔を浮かべた。以来クライアントは現在に至るまで毎週セッションを続けている。

　この例からわかるように，〈自己の見直し〉は，目的に適った行動に携わる

ことによって，問題となった現状の打破と自己効力感の増強を行うアプローチである。イメージを主軸にした〈仮想の自己〉とはいささか異なる，行動を中心にした間接アプローチであると言えよう。

まとめ

本章ではこれまであまり注目されることのなかった自我強化の理論とスキルについて論じた。スキルとしては，支援者がクライアントに指示を反復することによってマイナス思考を修正する直接的な方法と，クライアントが信頼のおける第三者をイメージしたり，もしくは目的に合わせた行動を取ることによる間接的な方法に分類できる。しかしながら，いずれのテクニックでも自我強化のねらいは，クライアントが自己の置かれた〈現実〉を新しい観点から把握し，それによって現状へのよりよい適応と自己への信頼を増強させることである。

註

［1］こうした文章では通常主語を省くが，原文が強調されていることから括弧に入れて表記した。

［2］"Inner" は「内面の，内側の」と訳すことも可能であるが，*American heritage dictionary of the English language*（2016）は「明確さの乏しい，より深い（Less apparent ; deeper）」という意味を第二義として掲載している。マクニールとフレデリックが "inner" をこの意味合いで用いていることは原著の文脈からもわかるため，〈隠れた強さ〉と訳した。

［3］エリクソンの技法は多彩であり，単に間接的アプローチと単純化する誤解については第7章・註7に記した。マクニールとフレデリックのアプローチはエリクソンの利用原理（the utilization principle）（Erickson, 1959）を踏襲している点において優れている。ちなみに催眠療法と一般治療とは異質ととらえられがちであるが，これは信憑性のない主張である。催眠研究と実践の大御所デイヴィッド・スピーゲル（David Spiegel）

に至っては「催眠で可能なことはすべて催眠なしでも行える（There is nothing you can do with hypnosis that you cannot do without it)」と言明していることからも明らかである。また30数年にわたりエリクソンに師事したケイ・トンプソン（Kay F. Thompson）も「催眠なしにクライアントを支援できないのであれば，催眠を使う価値は全くない（If you cannot treat a client without hypnosis, there is no value using hypnosis）」と筆者に述べた。こうした識者の発言から，催眠は支援を促進させるスキルであるとみなすのが適切である。

[4] このアプローチは自我状態療法（Ego State Therapy）と呼ばれ，ワトキンス夫妻の著書に説明されている（Watkins, & Watkins, 1997）。近年ではEMDRを活用した自我強化も実践されるようになった（Phillips, 2001）。

[5] エリクソンは〈時間の疑似志向性（pseudo-orientation in time)〉というやや堅苦しい用語を用いたが（Erickson, 1954），最近では〈時間進行（time progression)〉や〈年齢進行（age progression)〉などといった表現が使われる。

[6] 過失や失態，トラウマ体験などが原因となり，自責の念に駆られて苦しむアメリカ人クライアントに対して，筆者は〈許し〉と〈セルフ・コンパッション〉を促す目的で"Get yourself off the hook!（自分を苦しめる罠を外しなさい)"という慣用句を用いている（大谷，2017-a）。これもマイナス思考の反芻の抑制をねらいとする自我強化の一種である。

[7] 自我強化を描いたもうひとつの秀作映画は，アカデミー作品賞，監督賞など4部門のオスカーを獲得した，ロバート・レッドフォード監督 Ordinary people（「普通の人々」）である。この映画で描かれた自我強化は Good will hunting のアプローチとはやや異なるが，やはりマイナス思考の修正に焦点が当てられている。支援のシーンは臨場感に富み，米国心理学会（American Psychological Association：APA）の学術総会でパネル討論が開かれた。

[8] 認知アプリのダウンロードという比喩は，神経可塑性（neuroplasticity）に照らし合わせると適切であることがわかる。支援がもたらす神経可塑性については膨大な論文と書籍が刊行されており，マリオン・ソロモン（Marion Solomon）とダニエル・シーゲル（Daniel Siegel）の著作が全体像の把握に役立つであろう（Solomon, & Siegel, 2017）。

[9] ミルトン・エリクソンはこれを〈私の友人ジョン（My-Friend-John)〉テクニックと命名している（Erickson, 1964）。

[10] 森田正馬は，患者の一人が引用した『徒然草』第157段「外証背かざれば，内証必ず熟す」の句にコメントしたことが集団治療の記録に残されている。森田はさらにウィリアム・ジェームズ（William James）の「悲しいために泣くのではない。泣くから悲しいのである」という言葉を紹介し，行動が思考に及ぼす影響力を強調している（森

田，1975，pp.560-561）。

[11] 準備レベルの準備期に見合わせた日数に相当する（第5章／p.101）。

[12] 強度の慢性倦怠感，突発的な虚脱疲労，認知機能低下などを主訴とする全身疾患。最近になって筋痛性脳脊髄炎（Myalgic Encephalomyelitis：ME）という名称が承認された。慢性疼痛や線維筋痛症（fibromyalgia）などといった他の疾患との関連が報告されている。

[13] 英語の"withdrawal"の訳語として用いられてきた禁断症状，離脱症候，中断症状などについては曖昧性と問題点が指摘されている。殊に処方薬剤の停止から生じる症状を表わす"withdrawal signs and symptoms"の訳語「退薬症候」が適切だとされることからこのように訳した（柳田，1975, p.349）。

[14] 英語では「（考えに）はまる」を"identify with（your belief）"と表現する。このidentifyの名詞化がidentificationであり，短縮してIDとなる。日本語では〈同一性〉などと訳されるが，英語ではきわめて日常的な単語である。

第10章

プロカウンセラーが教える対人支援術
私家版覚え書き8箇条

本章で取り上げるメインテーマ
1．つねに練習を心がける
2．幅広い知識と教養を身につける
3．想定外の反応に備える
4．職業倫理を遵守する
5．支援プロセスは詳細かつ具体的に記録する
6．優れた指導者を見つける
7．人生と人についての知見を深める
8．自己の人間性を高める

　本書では，支援スキルが実証研究によるエビデンスによって裏づけられており，意図的応答が反復練習によって習得できることを強調してきた。第1章では筆者自身の訓練体験を紹介し，第2章では関係構築に関連する〈ヒューリスティック（経験則）〉を論じた。最終章では支援スキルの上達のために筆者が日頃戒めとしている8箇条の〈私家版覚え書き〉を披露して，本書を締めくくりたい [1]。

①第1条──つねに練習を心がける

　覚え書きの第一は，言うまでもなくつねに練習を心がけることである。本書を通じて対人支援における意図的応答が訓練の賜物であることを強調してきたが，実際にどのような練習を行えばよいのかということについては，2人のエリクソンの研究論文が参考になる。ひとつはエキスパート心理学者K・アンダース・エリクソン（K. Anders Ericsson）が実証した〈意識的練習（deliberate practice）〉[2]（Ericsson, 2006, 2008）であり，もうひとつはミルトン・エリクソン（Milton Erickson）が実践した方法論である（Erickson, 1965/1983 ; Erickson, & Rossi, 1976-1978/1980）。

　K・アンダース・エリクソンによると，エキスパート（expert）レベルのスキル習得には，①明確なゴール，②スキル上達のモチベーション，③（指導者からの）フィードバック，④反復練習によるスキル改善，という4点が必要である。これが有名な〈意識的練習〉の原則である。これらを厳守することによって〈一流のプロ〉や〈達人〉は高度なスキルを身につけてきたのである。対人支援スキルも例外ではない。4原則のうち，①②④は学習者要因，③は指導者要因である。まず前者に関してK・アンダース・エリクソンは，次のように記している。

　　　現時点でのスキルレベルを向上させる意識的な努力を重ねるうえで，
　　　高度の集中力のみならず，多くの場合（上達を阻む）問題の解決，
　　　スキル実行により適した方策が求められる。

　　　　　　　　　　　　　　　　　　　（Ericsson, 2008, p.99 ［引用者訳］）

そのうえで彼は次のように結論づけている。

　　　国際大会で優勝するレベルに達するには，おそらく1万時間以上
　　　の意識的練習が必要だと推察される種目もある。

　　　　　　　　　　　　　　　（Ericsson, 2008, p.992 ［強調・訳共に引用者］）

192　　　　　　　　　　第Ⅱ部　実践編

これが有名な〈1万時間の法則〉である。しかしここで見落としてはならないのは「意識的練習」という言葉である。スキルの向上は，単に反復練習だけではなく，〈明確な治療目標〉と〈スキル上達のモチベーション〉に基づいた意識的な訓練の繰り返しによってはじめて可能となる[3]。

　K・アンダース・エリクソンが列挙した，③「(指導者からの)フィードバック」については註に譲ることにして[4]，具体的なスキル上達法の例としてミルトン・エリクソンによる方法を紹介しておこう。彼の卓越した催眠スキルは今や伝説的となっているが，それをどのように彼が習得したのかは意外と知られていない。エリクソン自身があまり語らなかったことが原因であるが，著作を渉猟する限り2つの記述が見受けられる。

　　ずっと前のことになるが，40ページの暗示を書き出し，それを20
　　ページ，そして10ページにまで凝縮した。そのうえでさらに校正を
　　加え，すべての言葉とフレーズが活きるように5ページぐらいにま
　　で絞った。真剣に暗示を学ぼうと思うならこの方法を実行して，自
　　分が一体何を言っているのかをはっきりと認識しなければならない。
　　　　　　　　　　(Erickson, & Rossi, 1976-1978/1980, p.489[引用者訳])

　　クライアントの抵抗については面接よりも，その分析(および準備)
　　により多くの時間を割いた——クライアントに返答するときの言い
　　回しや表現を何度も繰り返し練習したのである。
　　　　　　　　　　　　　　(Erickson, 1965/1983, p.245[引用者訳])

　この2点は貴重な記録であり，いずれもK・アンダース・エリクソンの定義する意識的練習の条件に適っている。

　筆者は2人のエリクソンのアドバイスを忠実に実践した。かつて英語の習得策として英語のバイブルを繰り返し音読し，筆写する〈只管朗読〉と〈只管筆写〉を実践したこともあり(國弘，1970)，ミルトン・エリクソンの方

第10章　プロカウンセラーが教える対人支援術　　193

法論には全く抵抗がなかった。これと並行して，早くから私淑していたカール・ロジャーズの実践ビデオ [5] を文字通り暗記するまで視聴し，クライアント「グロリア」の発言に対して実際のロジャーズによる返答以外にどのような応答が可能かを熟考した。当時はYouTubeなどもなく大学院のオーディオ・ビジュアルセンターに通わねばならなかったが，今から思うときわめて有効な学習であった。

　自分の気に入ったアプローチを見つけ，朗読と筆写，模倣学習（モデリング）によって意図的に繰り返し練習すること——これが私家版覚え書きの第一である。

②第2条——幅広い知識と教養を身につける

　自分が気に入ったアプローチを追求するようにと前述したが，これは他の支援理論や方法論を等閑視してもよいということではない。牽強付会の理屈や論議は支援の学びと実践においては有害無益である。むしろ，**特定のアプローチを徹底的に追求し，異なる理論や方法論をそれと比較検討させながら，知的理解を深める**のである。この〈知識の交配（intellectual cross-fertiliza-tion）〉プロセスによって学術視野を広めピラミッド型の知識基盤を構築し，さらにそれを土台にして専門情報を積み重ねてゆく。地道ではあるが，このアプローチはクライアントの問題と解決策との多角的検討を可能にし，スキルの習得を促進させることにつながる。

　知識の交配がもたらす威力として思い浮かぶのはポール・ワクテルの業績である（Wachtel, 1977）。彼は長年にわたり精神分析学の学徒であったが，後に行動療法との比較考察に取り組んだ結果，力動的アプローチの長所と弱点を深く認識するに至った。洞察のひとつを示そう。

　　　驚くべきことに，クライアントへの応答にどのような言い回しを
　　用いるかについては，これまでほとんど語られてこなかった。この
　　裏には，クライアントを十分に理解し，逆転移さえ生じなければ，

> 支援者の理解は多かれ少なかれ自然に正しくクライアントに伝わる
> という前提が潜んでいるのである。

（Wachtel, 1980, p.183 ［引用者訳］）

　ワクテルの指摘が正鵠を射たものであり，本書の主題である意図的応答と軌を一にすることは明白であろう。力動的アプローチも立場で行動を分析したことから導かれた貴重な見解であると同時に，自己の信奉する理論に固執することが引き起こす弊害についての痛烈な批判である。

　支援者に求められる知識は単に支援理論や専門情報だけに留まらない。現在の社会情勢，トレンド（映画，音楽，書籍，ファッションなど）など，クライアントの関心を引きリソースとなる事柄も含まれる。こうした日常的な話題はややもすれば深刻で息苦しくなりがちな支援プロセスにおいて〈息抜き〉の役割を果たし，さらには〈潤滑油〉となってクライアントとの対話をスムーズにする。

　旺盛な知識欲を活用し，それによって**知的偏狭（intellectual parochialism）と衒学主義（pedantry）に陥らない**ことがねらいである。

③第３条──想定外の反応に備える

　支援においては予期せぬ出来事や反応に遭遇することがあふれているクライアントが突然泣き出す，激怒するといった情動失禁（emotional incontinence），トラウマや犯罪体験の告白，さらには偶発性除反応（spontaneous abreaction）などは決して稀な現象ではない。（準備レベルの）維持期にあったクライアントの問題が突然再燃し，準備期に逆戻りする場合なども，このカテゴリーに入れてよいであろう。いずれも〈想定外〉と言ってしまえばそれまでだが，こうした出来事はクライアントにとって苦痛であるだけではなく，支援者にとっても不安や懸念を誘発することになりかねないため注意を要する。

　もし支援中に想定外の反応が生じた場合，まず傾聴と感化スキルを活用す

る。これによってクライアントとのアライアンスを再確認し，認知および情動共感を伝えるのである。同時に支援者は**自己の情動調整**を行わねばならない。対人補完関係の原則から，クライアントの反応が支援者の態度と振る舞いに大きく作用されるメタメッセージについてはすでに論じた（第1章／pp.25-26）。支援者自身が驚きや不安といった自己の反応をオープンに受けとめ，適切に対処することはクライアントに安らぎを与える [6]。マインドフルネスをベースにした〈タッチ・アンド・リターン〉はこれに対応するスキルである（第8章／pp.166-172）。

何らかのきっかけで支援中に想起されたトラウマの再体験，すなわち偶発性除反応の場合は，**スモールステップの情動調整**が奏効する。クライアントの身体心理反応を細かくモニターしながら，それに合わせて緩和をねらった直接指示を与えるのである。具体例は，大谷（2017-a，pp.122-126）に記した。

④第4条──職業倫理を遵守する

クライアントの支援に携わるサイコロジストとして，筆者は米国心理学会によって定められた職業倫理（professional ethics）を遵守することを覚書のひとつにしている。日本でも公認心理師法が制定されたことを踏まえて，ここで職業倫理の意義と重要性をまとめておこう。米国では心理職に限らず，すべての支援者資格の取得において職業倫理が必修科目となっている。筆者が暮らすメリーランド州では，2年ごとのサイコロジスト免許の更新にすら最低3時間の倫理教育が義務づけられている（大谷，近刊）。支援活動における職業倫理の理解と遵守がいかに重視されているかが窺えるであろう。

職業倫理はモラルや道徳といった概念と混同されやすいが，実際には〈特定の個人もしくは団体を統括する行為の原則（the principles of conduct governing an individual or a group）〉[7] のことであり，個人的な善悪の判断基準となるモラルや道徳とは少々異なる。倫理原則には善行と無危害（beneficence and nonmaleficence）[8]，忠誠と責任（fidelity and responsibility），誠実（integrity），正義（justice），権利と尊厳の尊敬（respect for rights and dignity）

などがあり（石田, 2014），これらを専門領域（医療，福祉，心理）の必要に整合させ，具体化したものが倫理要綱（ethical principles）である。要するに専門支援者として〈すべきこと／してはならないこと（dos and don'ts）〉の原則と基準にほかならない。

　サイコロジストである筆者の場合，2017年に改訂された米国心理学会の最新版「倫理要綱（*Ethical principles of psychologists and code of conduct*）（以下，APA倫理要綱）」（American Psychological Association, 2017）が規範となる。16ページにわたる倫理要綱は10種類のカテゴリー（倫理問題の打開，運用能力，対人関係，プライバシーおよび守秘義務，広告と公式声明，診療記録と費用，教育と訓練，研究と出版，アセスメント，セラピー）に分類され，計89項目が列挙されている [9]。

　少々過剰とも言える数であるが，深刻な問題は違反行為である。メリーランド州では日本の公認心理師に当たるプロフェッショナル・カウンセラー（licensed professional counselor）がサイコロジストと並んで免許制になっており，筆者はこの委員会の副議長を数年務めた。この期間，最も多かった違反は〈多重関係〉，すなわちクライアントとの性的関係であった [10]。次いで専門以外の領域に関与する不当行為が目立った。たとえば，発達障害についての専門知識および訓練を持ち合わせていない資格保持者による児童支援といったケースである。また少数ではあったが，支援者自身の問題（薬物依存，金銭トラブルなど）による事例も見受けられた。こうした倫理違反はクライアントに危害を加えるだけでなく，支援制度の威信を傷つけることにもなりかねない。違反者にはもちろん倫理要綱に従い適切な処分が科せられた。

　支援者は自己の専門領域で承認された倫理要綱に慣れ親しみ，必ずこれに従って行動することを銘記せねばならない [11]。

⑤第5条──支援プロセスは詳細かつ具体的に記録する

　倫理要綱の遵守と並んで筆者が注意を払っているのは支援記録，いわゆる〈カルテ〉記入である。欧米，とりわけ訴訟社会の米国では記録が物を言い，

これが絶対唯一の役割を果たす。万が一クライアントとの間にトラブルが生じた場合，記録のみが弁護資料となり，支援者の運命を決定する [12]。支援記録が，文字通りリスクマネジメントになるのである。興味深いのは，医療実践ではカルテの記述の質とケアの質との間に相関性が見られることである。つまり〈貧弱な記録〉は〈治療看護の劣化〉を示すのである（Zegers, de Bruijne, Spreeuwenberg et al., 2011）。支援者としての資質が記録に反映されると言ってよかろう。これが果たして心理や福祉分野，ひいては日本の状況にも当てはまるのかは今のことろ不明だが，いずれにせよ支援記録が重要な意味をもつことは疑いのない事実である。

　記録の内容は心理，医療，福祉それぞれの分野で異なり，米国心理学会は次の3点を必須事項として掲げている（Sturm, 2012）[13]。

　　①一般情報──提示問題，診断，病歴，見立て，支援プラン，イン
　　　フォームドコンセントなど
　　②支援（診療）記録──日時，支援時間，症状，介入手段など
　　③その他の情報──検査・アセスメントデータ，緊急事態，同僚や
　　　過去の支援者とのコンタクト，電話やテキストなどによるコンタ
　　　クトなど

　個人情報保護の目的から得られた情報の取り扱いと管理には細心の注意を要するのはもちろん，クライアントや他の支援者の目に触れることも十分に考えられるため，記録は丹念かつ慎重に記入しなければならない。殊にクライアントを誹謗中傷する表現（例：「生意気な態度を示した」），抽象的な用語（例：「無意識の葛藤」），曖昧な表現（「多量のアルコールを飲んだ」）などは避け，それぞれ「口をとがらせ支援者をにらみつけた」「目上からのフィードバックにはいつも不平をこぼす」「チューハイ4缶とビール大瓶2本を飲んだ」といったように具体的な行動を記述する。**支援記録の原則は事実の記録であり，支援者の意見を述べる場合にはそのことを明示したうえで区別すること**

である。

⑥第6条――優れた指導者を見つける

武術の修行では「三年稽古するよりも，三年かけて良い師を探せ」[14] と言われるらしい（斎藤，2000，p.99）。支援スキルの習得においても熱心に指導してくれる指導者を見つけることの価値は計り知れない。有能な指導者には次のような特性が求められる（大谷，近刊）。

①多種多様な理論とスキルの把握
②豊富な実践経験
③巧みで正確な説明
④豊かな共感と人間性

このうち①と②の内容は明瞭であろう。指導者は自らが専攻する特定の理論やアプローチのみならず，支援一般で適用される多種多様な方法論にも精通し，しかも実践経験が豊富でなければならない。筆者がこの2点を強調するのは，少なくとも米国の心理学領域が，大学などで支援の研究を主とする〈理論家〉と，実際にクライアントの援助に携わる〈実践家〉に二極化されているからである [15]（McFall, 2006 ; Overholser, 2007）。理論に長けているが経験に乏しい指導者は，教条的な指導に走りやすい。これに対して実践一筋の指導者は，特定スキルのエビデンスなどを等閑視しがちとなる。いずれもスキル指導の成果を上げるには不適切であり，学習者は理論と実践に精通した人物を指導者として見つけることが望ましい。

③は当然と言ってしまえばそれまでだが，**支援技術の指導もまたスキルであり，個人によって巧拙がある**ということを指摘しておきたい。筆者も約30余年にわたり支援スキルを教え，スーパーヴィジョンに従事してきて，わかりやすく教えることをつねに心がけてきた。筆者自身が受けた教授法（第1章／pp.18-19）を叩き台に，デモンストレーション，ビデオ，ロールプレイ

をはじめ，学習者の支援セッションを録画し，スーパーヴィジョンでそれを一緒に観ながら支援プロセスとスキル活用を〈リアルタイム〉で分析するインターパーソナル・プロセス・リコール（Interpersonal Process Recall：IPR）[16]（Kagan（Klein），& Kagan, 1997；Kagan, Schauble, Resnikoff et al., 1969）（第1章／p.19）といった方法論も導入した。またクライアントの許可を得て，筆者が行う支援を観察する機会も設けた（同席，マジックミラー，遠隔ビデオ）[17]。学習者の間で評判が良く，訓練へのモチベーションは高まった[18]。

　なお質の高い指導者の条件には，人格要素も含まれることを忘れてはならない。共感に満ち，温かみのある人物から指導を受けることは，学習者の人間性を高める。支援指導者の役割は，単にスキルを教えることに留まらず，学習者にとって支援者のあるべき〈モデル〉とならねばならない。これが欠けると単なるテクニシャンになってしまうため注意したい。

⑦第7条——人生と人についての知見を深める

　対人支援において，人生と人についての洞察が物を言うことは改めて繰り返すまでもない。〈酸いも甘いも嚙み分けた〉境地，すなわち〈多くの人生経験を経て，人生の裏表を知り尽くしている〉[19]レベルに達した支援者のクライアント理解は，経験の浅い支援者のそれよりも奥深く，示唆に富む。クライアントへの的を射た共感や，インパクトに富んだ支援者の自己開示などは，すべてここから生まれる。支援スキルが単なる〈小手先の技術〉ではなく，支援者の〈人格の表われ〉になった状態と言ってよかろう。

　だが，どのようにして人生と人についての知見を深めればよいのか。もちろん直接体験が一番だが，トラウマ体験などはかえって逆効果になることもあり非現実的である。ここでカール・ロジャーズ（Carl Rogers）が読書と映画鑑賞を奨励したことが思い出される（第2章／p.47）。これは間接体験による人生の充実化（vicarious life enrichment）の一例だが，これ以外にも先輩や恩師，スーパーヴァイザー，さまざまな分野で活躍する専門家，友人の体

験を聞くといったことも役立つであろう。

　そして最後に，クライアントからの学びを忘れてはならない。支援者はクライアント一人ひとりの苦しみ，悲しみ，喜びを分かち合うことにより，人生，人，そして自己について学んでゆくのである。

⑧第8条——自己の人間性を高める

　支援者の人格要素については「覚え書き第6条」で指導者に関して述べたが，これについて改めて触れておきたい。**対人支援支援スキルはそれを運用する人物の人間性と深く関わる**からである。禅で「道具は良くても下手が使えばダメになる（The right tools in the hands of the wrong man becomes wrong tools）」（Safran, & Segal, 1996, p.249）と表現するように，スキルは支援者の人間性を反映する。率直に言うと，**いかに高度な支援技術を習得しても人間性が備わっていなければスキルは活きてこない**。

　しかし人間性を高めるとは何を意味するのか。これを定義することは至難の業であり，個人によっても異なるであろう。筆者は文献読解とこれまでの体験から，〈共感と思いやり〉〈柔軟性〉〈落ち着き（non-reactivity）〉，そして〈自我の統合（self integrity）〉が重要だと考えている（大谷，2005）。もちろんこれらは現時点での覚え書きであり，将来新しい項目が加わることも十分に考えられる。最初の〈共感と思いやり〉はこれまで繰り返し述べてきたので改めて説明は必要ないだろう。親身になってクライアントと接することのできる**温かい人になる**ことである。次の〈柔軟性〉とは，ものごとや自己の見解に固執しないことである。これが対人支援理論とスキルにも当てはまることは「覚え書き第2条」でも記した。3番目の〈落ち着き〉とは，**周囲の出来事やそれに対する反応を冷静に見つめる能力**である。マインドフルネスで重視される概念であり [20]，訓練によって養成できることが研究から明らかになっている（大谷，2014）。最後の〈自我の統合〉とは，**自分のエゴを自制することができ，他人と平等観をもつ**ことである。森田正馬の「雪の日や，あれも人の子樽拾い」や，サリヴァン（Harry S. Sullivan）の「違いはあれど

も，我々はみな同じ人間なのである」といった言葉に表わされた見地と言えよう（大谷，2005，pp.42-44）。

　以上，筆者が日常心がけている覚え書き8条を記した。読者の思考の糧（food for thought）になれば喜びである。

まとめ

　最終章では，支援者として，また一人の人間として，筆者が支援において指針としている8箇条の覚え書きを記した。支援者としての成長は単にスキルだけでなく人間性の陶冶である。これはdestination（到達点）ではなく，journey（歩み）であり，我々一人ひとりが追求してゆく道のりである。読者も支援スキルの習得から自分自身の指針を見つけ，実践していただきたい。

註

　[1] 精神科医で数々のベストセラーの著者としても知られるアーヴィン・ヤーロム（Irvin Yalom）の *The gift of therapy : An open letter to a new generation of therapists and their patient*（『ヤーロムの心理療法講義——カウンセリングの心を学ぶ85講』）も支援のヒューリスティックを列挙した好著である。邦題とは異なり，原著のタイトルからは駆け出しの支援者を対象にしていることがわかる。

　[2] *Deliberate* practice は「意図的練習」と訳すこともできるが，本書の主題である *intentional* responding（意図的応答）との混同を避けるため「意識的」とした。

　[3] 剣豪宮本武蔵は『五輪書 水之巻』において「千日の稽古を鍛とし，万日の稽古を練とす」と述べている。1万時間の意識的練習の効果を，彼は身体知として理解していたのであろう。一方，仏教学者の田上太秀は「仏教教育法は要するに学び，馴れ，そしてなり切ること」と論じ，「習慣づけ」が修行のねらいであると述べている（田上，2000，p.237, 239）。武道と仏教という一見異なる両者の修行形態に共通するのは，体験を基盤とした〈ボトムアップ〉式の学習である。これは能や武道，宮大工などの日

本の伝統芸が培ってきた〈師匠－弟子〉の関係性を利用した方法論にも反映されている。日本文化に馴染みの深いこうした訓練法は近年〈わざ言語〉と命名され，概念的な〈文字知〉による〈トップダウン〉式学習との比較検証がなされている（生田・北村，2011；川口，2011）。では，こうした後天的訓練に対し，先天性素質は関与するのだろうか。このテーマについては近年ジェニファー・ドレイク（Jenifer Drake）とエミリー・ウィナー（Emily Winner）が，絵画スキルの才能には「生まれつきの生物学的要因が影響する」と結論づけている（Drake, & Winner, 2018）。内因性要因が果たして対人支援スキルの運用能力習得に関わるか否かは，今後の重要かつ興味深い研究課題である。

[4] K・アンダース・エリクソンが列挙した，③「（指導者からの）フィードバック」の重要性はあえて繰り返すまでもなかろう。あらゆるスキルの上達において，初心者は自分のパフォーマンスがエキスパートのパフォーマンスとどのように異なるのかについて指導者から具体的なフィードバックを受け，これを参考に改良策を講じることが欠かせないとエリクソンは述べる。とりわけ間違いがあった場合には，それに伴う思考プロセスについても振り返り，二度と同じエラーを繰り返さないようにすることの重要性をエリクソンは力説している（Ericsson, 2008, p.992）。

[5] *Three approaches to psychotherapy : Part 1, Dr. Carl Rogers* [motion picture]。英語版オリジナルは次のサイトから閲覧できる（https://www.youtube.com/watch?v=24d-FEptYj8/）。

[6] 精神分析の対象関係論でこのメカニズムが投影同一化と呼ばれることは，第6章・註21で記した。

[7] *Merriam-Webster Dictionary*（https://www.merriam-webster.com/dictionary/ethic）に記された定義である。

[8] 『法句経（*Dhammapada*)』183に「諸悪莫作，衆善奉行，自淨其意，是諸仏教」という有名な句が見当たる。七仏通誡偈と呼ばれ，「悪をなさず，あらゆる善をなし，己の心を清める。これが全ての仏の教えである」という意味である。最初の二句〈諸悪莫作〉〈衆善奉行〉は無危害（non-maleficence）と善（beneficence）と同義であるのは興味深い。両者がすべての文化に共通する倫理であることの証しであろう。

[9] 次のサイト（https://www.apa.org/ethics/code/ethics-code-2017.pdf）からダウンロードできる。日本の臨床心理士の要綱もダウンロードできる（http://fjcbcp.or.jp/wp/wp-content/uploads/2014/03/PDF01_rinrikoryopdf.pdf）。公認心理師の倫理規程については2018年12月13日時点ではオンラインで確認できなかった。

[10] 米国におけるクライアントとの性交渉発生率は男性支援者7.1～12.1%，女性支援者2.5～3.1%と推定されている（Borys, & Pope, 1989）。

[11] 心理領域ではKoocher, & Reith-Spiegel（2016）の倫理テキストが米国ではスタンダード教本になっている。654ページの大冊では倫理要綱が具体的に解説され，それに関わる事例が豊富に盛り込まれている。

[12] プロフェッショナル・カウンセラー委員会の顧問弁護士が倫理違反の判断にあたり，「記録になければ話にならない（If it's not in writing, it didn't happen）」と述べるのを筆者は何度も耳にした。

[13] 記録の取り方については，*American Psychologist*の掲載論文（American Psychological Association, 2007）に詳しい。日本で出版されたものとしては，医療分野では佐藤健太の『「型」が身につくカルテの書き方』（佐藤，2015），福祉分野では八木亜紀子の『相談援助職の記録の書き方──短時間で適切な内容を表現するテクニック』（八木，2012）などが参考になる。

[14] よく知られた〈守・破・離〉の〈守〉は師匠の教えを繰り返すことである。そのため卓越した師匠に巡り合うことが強調されるのである。

[15] 日本のスーパーヴァイザーが米国のように〈理論家〉と〈実践家〉に二極化しているか否かを論じた文献は見つけることができなかった。しかしながらスーパーヴァイザーに「実践知」が必要とされることについては，牧（2014）が論じている。

[16] IPRには，学習者とともにクライアントとの支援プロセスをプレイバックしながら，支援の流れとスキルの運用を同時に検討できるという利点がある。また無音にしたままボディランゲージを観察してメタメッセージの分析を行うなど，支援訓練での応用範囲は広い。

[17] 筆者が大学のカウンセリングセンターに勤務していたことから，クライアントにはこうした依頼がある可能性が，あらかじめインフォームド・コンセントとして知らされていた。観察の許可はもちろんすべてクライアントの自由意思に任された。

[18] 指導者の一部には支援スキル習得に「根性論」を持ち込み，未だ学習者の弱点や失敗を叱咤することを良しとする人物もいる。こうした行為は学習環境における〈いじめ〉であり，学習者を不必要に傷つける要素にほかならず，指導者としての倫理に反する（APA倫理要綱 3.08，p.6）（American Psychological Association, 2017）。とりわけ評価する立場にある指導者に対して，学習者は容易に反論できない。指導者はこの事実を真摯に受け止め組織レベルで学習者とのコミュニケーションをはかるよう心がける。支援指導はあくまでも学習者にとって正の効果がなくてはならない。

[19] 『例解慣用句辞典』（井上，1992，p.468）の定義に従った。

[20] 仏教では〈慈〉（他人に楽を与える）〈悲〉（他人の苦を取り除く）〈喜〉（他人の喜びを分かちあう）〈捨〉（心の平静を保つ）をまとめて四無量心と呼び，このうち落ち着きは〈捨〉に当たる。

あとがき

　高校生の頃，数学の参考書といえば「チャート式」が定番となっていた。基礎から難解な問題までの例題を示し，その解き方を〈チャート（海図，羅針盤）〉として示したもので，日本を代表する数学参考書と言っても過言ではなかろう。〈チャート式〉が優れているのは解法パターン（チャート）が例題に類似する設問にも応用できる点にある。いうなれば，すべての問題解法の扉を開くマスターキーの役割を果たすのである。

　しかしながら，残念なことに，対人支援においてはこうしたマスターキーは存在しない。数学の場合とは違い，いくら類似した発言であっても，そこに込められた感情，思考，意思，メタメッセージは，クライアント一人ひとりによって異なるからである。〈この発言にはこの応答〉という公式はありえず，支援者は一場面一場面においてクライアントの一言一句に込められた意味とメタメッセージを聴き，それにもとづいて適切な応答をせねばならない。このコンピテンシー（運用能力）は一定時間の意識的なスキル訓練によって体得できる。これが本書を貫く主題である。

　本書では前作『カウンセリングテクニック入門』で取り上げなかった支援アプローチを紹介するとともに，本書で扱ったすべてのスキルについて文献を渉猟し，最新のエビデンスを提供するように心がけた。加えて米国心理教育の

根幹である〈サイエンティスト－プラクティショナー〉モデルに倣い，スキルの応用例を可能な限り筆者のケースから紹介しつつ，筆者自身の訓練経験も提供することにした。すべて読者の参考になればとの願いからである。

　対人支援スキルの習得に関心をもつ読者にとって，この小冊が少しでも役立てば，筆者にとって大きな喜びである。

　2019年3月1日

筆者 記す

参考文献

Ackerman, S. J., & Hilsenroth, M. J. (2003). A review of therapist characteristics and techniques positively impacting the therapeutic alliance. *Clinical Psychology Review, 23*, 1-33.

[Ajahn Jayasaro Dhamma Talks] (11-19-2016). *Five hinderances* [Video File]. Retrieved from https://www.youtube.com/watch?v=TfHhUHj1hEc&t=987s.

American Psychiatric Association (2013). *Diagnostic and statistical manual of mental disorders* (*DSM-5*). Washington, D.C. : American Psychiatric Association Publishing.

American Psychological Association (2007). Record keeping guidelines. *The American Psychologist, 62*, 993-1004.

American Psychological Association (2017). *Ethical principles of psychologists and code of conduct*. Washington, DC : Author.

Anālayo. (2018). *Satipatthāna meditation : A practice guide*. Cambridge, UK : Windhorse Publications.

Andersen, S. M., Glassman, N. S., Chen, S., & Cole, S. W. (1995). Transference in social perception : The role of chronic accessibility in significant-other representations. *Journal of Personality and Social Psychology, 69*, 41-57.

青木みのり（2013）「心理療法によって問題の捉え方はいかに変化するか」に関する質的研究――解決志向アプローチによる時間制限面接を用いて．心理臨床学研究 31, 129-140.

Audet, C. T., & Everall, R. D. (2010). Therapist self-disclosure and the therapeutic relationship : A phenomenological study from the client perspective. *British Journal of Guidance & Counselling, 38*, 327-342.

Bandura, A. (1977). Self-efficacy : Toward a unifying theory of behavioral change. *Psychological Review, 84*, 191-215.

Bandura, A., & Menlove, F. L. (1968). Factors determining vicarious extinction of avoidance behavior through symbolic modeling. *Journal of Personality and Social Psychology, 8*, 99-108.

Baron-Cohen, S., Leslie, A. M., & Frith, U. (1985). Does the autistic child have a "theory of mind"? *Cognition, 21*, 37-46.

Bem, D. J. (1972). Self-perception theory. In L. Berkowitz (Ed.) : *Advances in experimental social psychology* (Vol.6, pp.1-62). New York : Academic Press.

Bender, L. (Producer), & Van Sant, G. (Director). (1997). *Good will hunting* [Motion

Picture]. United States : Miramax.

Benjamin, L. S. (1974). Structural analysis of social behavior. *Psychological Review, 81,* 392-425.

Benjamin, L. S. (1996). *Interpersonal diagnosis and treatment of personality disorders (2nd ed.).* New York : Guilford Press.

Berking, M., Wupperman, P., Reichardt, A., Pejic, T., Dippel, A., & Znoj, H. (2008). Emotion-regulation skills as a treatment target in psychotherapy. *Behaviour Research and Therapy, 46,* 1230-1237.

Berkovich-Ohana, A., Glicksohn, J., & Goldstein, A. (2012). Mindfulness-induced changes in gamma band activity-implications for the default mode network, self-reference and attention. *Clinical Neurophysiology, 123,* 700-710.

Berne, E. (1966). *Games people play : Psychology of human relationships.* New York : Harper Collins.（南 博＝訳（1976）人生ゲーム入門――人間関係の心理学. 河出書房新社）

Beutler, L. E. (1997). The psychotherapist as a neglected variable in psychotherapy : An illustration by reference to the role of therapist experience and training. *Clinical Psychology : Science and Practice, 4,* 44-52.

Bodkin, H., & Donnelly, L. (2016, October 27). The end of doctor knows best as medics are told to let patients make their own decision about treatment. *The Telegraph.* Retrieved from www.telegraph.co.uk/news/2016/10/26/the-end-of-doctor-knows-best-as-medics-are-told-to-let- patients/.

Bordin, E. S. (1979). The generalizability of the psychoanalytic concept of the working alliance. *Psychotherapy : Theory, Research & Practice, 16,* 252-260.

Borys, D. S., & Pope, K. S. (1989). Dual relationships between therapist and client : A national study of psychologists, psychiatrists, and social workers. *Professional Psychology : Research and Practice, 20,* 283-293.

Breslau, N., Chilcoat, H. D., Kessler, R. C., & Davis, G. C. (1999). Previous exposure to trauma and PTSD effects of subsequent trauma : Results from the Detroit Area Survey of Trauma. *American Journal of Psychiatry, 156,* 902-907.

Bristol, C. (1948). *The magic of believing.* New York : Prentice-Hall.（林 陽＝訳（2008）信念の奇跡. かんき出版）

Buddhadāsa, B. (1976). Ānāpānasati (Mindfulness of breathing) Translated by B. Nāgasena. Bangkok, Thailand : Sublime Life Mission.

Buhle, J. T., Silvers, J. A., Wager, T. D., Lopez, R., Onyemekwu, C., Kober, H., Weber, J. & Ochsner, K. N. (2014). Cognitive reappraisal of emotion : A meta-analysis of human neuroimaging studies. *Cerebral Cortex, 24,* 2981-2990.

Carnegie, D. (1937). *How to win friends and infuluence people.* New York : Simon & Schuster.（山口 博＝訳（1937）人を動かす. 新潮社）

Carnegie, D. (1948). *How to stop worrying and start living.* New York : Simon & Schuster.（香山 晶＝訳（1984）道は開ける. 創元社）

Carson, I. M., & Selesnick, S. T. (1959). Ego strengthening aspects of supportive psychotherapy. *American Journal of Psychotherapy, 13*, 298-318.

Chartrand, J. M. (1991). The evolution of trait － and － factor career counseling : A person x environment fit approach. *Journal of Counseling & Development, 69*, 518-524.

Coolidge, F. L., Moor, C. J., Yamazaki, T. G., Stewart, S. E., & Segal, D. L. (2001). On the relationship between Karen Horney's tripartite neurotic type theory and personality disorder features. *Personality and Individual Differences, 30*, 1387-1400.

Corcoran, C., Walker, E., Huot, R., Mittal, V., Tessner, K., Kestler, L., & Malaspina, D. (2003). The stress cascade and schizophrenia : Etiology and onset. *Schizophrenia Bulletin, 29*, 671-692.

Cormier, S., Nurius, P. S., & Osborn, C. J. (2016). *Interviewing and change strategies for helpers (8ᵗʰ ed.)*. Boston : Cengage Learning.

Cormier, W. H., & Cormier, L. S. (1979). *Interviewing strategies for helpers : A guide to assessment, treatment, and evaluation*. Belmont, CA : Brooks & Cole.

Cormier, W. H., & Cormier, L. S. (1991). *Interviewing strategies for helpers : A guide to assessment, treatment, and evaluation (3ʳᵈ ed.)*. Pacific Grove, CA : Brooks & Cole.

Corrigan, J. D., Dell, D. M., Lewis, K. N., & Schmidt, L. D. (1980). Counseling as a social influence process : A review. *Journal of Counseling Psychology, 27*, 395-441.

Coué, É. (1922). *Self mastery through conscious autosuggestion*. New York : Malkan Publishing Company.（林 泰・林 陽＝訳（2009）暗示で心と体を癒しなさい！．かんき出版）

Cowen, A. S., & Keltner, D. (2017). Self-report captures 27 distinct categories of emotion bridged by continuous gradients. *Proceedings of the National Academy of Sciences, 114*, E7900- E7909.

Crane, R. (2008). *Mindfulness-based cognitive therapy*. New York : Routledge.（大野 裕＝監修／家接哲次＝監訳（2010）30のキーポイントで学ぶ マインドフルネス認知療法入門──理論と実践．創元社）

Davidson, R. J., & Lutz, A. (2008). Buddha's brain : Neuroplasticity and meditation [in the spotlight]. *IEEE Signal Processing Magazine, 25*, 176-174.

Davis, M. H. (1983). Measuring individual differences in empathy : Evidence for a multi-dimensional approach. *Journal of Personality and Social Psychology, 44*, 113-126.

de Jong, P., & Miller, S. D. (1995). How to interview for client strengths. *Social Work, 40*, 729-736.

de Shazer, S. (1988). *Clues : Investigating solutions in brief therapy*. New York : Norton.

de Shazer, S. (2000). *The miracle question*. Vienna, Austria : Netzwerk OS'T. Retrieved from www.netzwerk-ost.at/publikationen/pdf/miraclequestion.pdf.

Dougall, A. L., Herberman, H. B., Delahanty, D. L., Inslicht, S. S., & Baum, A. (2000). Similarity of prior trauma exposure as a determinant of chronic stress responding to an airline disaster. *Journal of Consulting and Clinical Psychology, 68*, 290-295.

Drake, J. E., Winner, E. (2018). Why Deliber the practice is not enough : Evidence of talent is drowing. In D. Z. Hawbrick, G. Campitelli, B. N. Macnamara (Eds.) *The science of expetise : Behavidal, newral, and geneti appraches to complex skill* (pp.101-

128). New York : Ruteledge.

Egan, G. (2013). *The skilled helper : A problem-management and opportunity-development approach to helping*. Boston : Cengage Learning.

Ekman, P. & Cordaro, D. (2011). What is meant by calling emotions basic. *Emotion Review, 3*, 364-370.

Ekman, P., & Friesen, W. V. (1971). Constants across cultures in the face and emotion. *Journal of Personality and Social Psychology, 17*, 124-129.

El Leithy, S., Brown, G. P., & Robbins, I. (2006). Counterfactual thinking and posttraumatic stress reactions. *Journal of Abnormal Psychology, 115*, 629-635.

Elliot, R., Hill, C. E., Stiles, W. B., Fredbonder, M. L. Mather, A. R. & Margison, F. R. (1987). Primary therapist response modes : Comparison of sixrating systems. *Journal of Consulting and Clinical Psychology, 55*, 218-223.

Ericsson, K. A. (2006). The influence of experience and deliberate practice on the development of superior expert performance. In K. A. Ericsson, N. Charness, P. J. Feltovich, & R. R. Hoffman (Eds.). *The Cambridge handbook of expertise and expert performance* (pp.685-705). New York : Cambridge University Press.

Ericsson, K. A. (2008). Deliberate practice and acquisition of expert performance : A general overview. *Academic Emergency Medicine, 15*, 988-994.

Erickson, M. H. (1954). Pseudo-orientation in time as an hypnotherapeutic procedure. *International Journal of Clinical and Experimental Hypnosis, 2*, 261-283.

Erickson, M. H. (1959). Further clinical techniques of hypnosis : Utilization techniques. *American Journal of Clinical Hypnosis, 2*, 3-21.

Erickson, M. H. (1964). The "Surprise" and "My-Friend-John" techniques of hypnosis : Minimal cues and natural field experimentation. *American Journal of Clinical Hypnosis, 6*, 293-307.

Erickson, M. H. (1965/1983). An introduction to the study and application of hypnosis in pain control. In E. L. Rossi, M. O. Ryan, & F. A. Sharp (Eds.) *Healing in hypnosis : The seminars, workshops, and lectures of Milton H. Erickson* (Vol.1) (pp.217-277). New York : Irvington.

Erickson, M. H. (1966). The interspersal hypnotic technique for symptom correction and pain control. *American Journal of Clinical Hypnosis, 8*, 198-209.

Erickson, M. H., & Rossi, E. L. (1976-1978/1980). Indirect forms of suggestion in hand levitation. In E. L. Rossi (Ed.) *The collected papers of Milton H. Erickson on hypnosis* (pp.478-490). New York : Irvington.

Erickson, M. H., Rossi, E. L., & Rossi, S. (1976). *Hypnotic realities : The induction of clinical hypnosis and forms of indirect suggestion*. New York : Irvington.

Esquivel, A., Meric-Bernstam, F., & Bernstam, E. V. (2006). Accuracy and self correction of information received from an internet breast cancer list : Content analysis. *British Medical Journal, 332*, 939-942.

Fairburn, C. G., Jones, R., Peveler, R. C., Hope, R. A., & O'Connor, M. (1993). Psychotherapy and bulimia nervosa : Longer-term effects of interpersonal psychotherapy, behavior therapy, and cognitive behavior therapy. *Archives of General Psychiatry, 50,* 419-428.

Ferrara, K. W. (1994). *Therapeutic way with words.* New York : Oxford University Press.

Fisher, C. (1953). Studies in the nature of suggestion : Part II — The transference meaning of giving suggestions. *Jounal of the American Psychoanalytic Association, 1,* 406-437.

Fisher, J. (2017). *Healing the fragmented selves of trauma survivors : Overcoming internal self-alienation.* New York : Routledge.

Folkman, S. (1984). Personal control and stress and coping processes : A theoretical analysis. *Journal of Personality and Social Psychology, 46,* 838-852.

Frederick, C., & McNeal, S. A. (1993). From strength to strength : "Inner Strength" with immature ego states. *American Journal of Clinical Hypnosis, 35,* 250-256.

Frederick, C., & McNeal, S. A. (2013). *Inner strengths : Contemporary psychotherapy and hypnosis for ego-strengthening.* New York : Routledge.

French, J. R., & Raven, B. (1959). The bases of social power. Classics of organization theory. In D. Cartwright (Ed.) *The basis of social power* (pp.150-167). Ann Arbor, MI : Institute for Social Research, University of Michigan.

Freud, S. (1959). Some general remarks on hysterical attacks. In J. Strachey (Ed.) *The standard edition of the complete psychological works of Sigmund Freud. Volume IX* (1906-1908) (pp.227-234). London : Hogarth Press.

Friese, M., Messner, C., & Schaffner, Y. (2012). Mindfulness meditation counteracts self-control depletion. *Consciousness and Cognition, 21,* 1016-1022.

福原眞知子＝監修 (2007) マイクロカウンセリング技法――事例場面から学ぶ. 風間書房.

福島裕人・高須彩加 (2012) 大学生のアレキシサイミアと愛着スタイル及び自閉傾向との関連. 東海学院大学紀要 5, 121-128.

古庄 高 (2007) アドラー心理学における幼児期のライフスタイル形成. 神戸女学院大学論集 54, 1-14.

Gendlin, E. T. (1962). *Experiencing and the creation of meaning.* New York : Free Press of Glencoe. (村山正治・都留春雄・村瀬孝雄＝訳 (1982) フォーカシング. 福村出版)

Gentili, C., Ricciardi, E., Gobbini, M. I., Santarelli, M. F., Haxby, J. V., Pietrini, P., & Guazzelli, M. (2009). Beyond amygdala : Default mode network activity differs between patients with social phobia and healthy controls. *Brain Research Bulletin, 79,* 409-413.

Goldfried, M. R., & Sobocinski, D. (1975). Effect of irrational beliefs on emotional arousal. *Journal of Consulting and Clinical Psychology, 43,* 504-510.

Goldstine, D., Larner, K., Zuckerman, S., & Goldstine, H. (1977). *The Dance-away lover : And other roles we play in love, sex, and marriage.* New York : Morrow.

Goleman, D., & Davidson, R. J. (2017). *Altered traits : Science reveals how meditation changes your mind, brain, and body.* New York : Penguin.

Grant, A. M., & Berry, J. W. (2011). The necessity of others is the mother of invention : Intrinsic and prosocial motivations, perspective taking, and creativity. *Academy of Management Journal, 54,* 73-96.

Grencavage, L. M., & Norcross, J. C. (1990). Where are the commonalities among the therapeutic common factors?. *Professional Psychology : Research and Practice, 21,* 372-378.

Grogan, J. (2013). *Encountering America : Humanistic psychology, sixties culture, & the shaping of the modern self.* New York : Harper Perennial.

Gross, J. J. (1998). The emerging field of emotion regulation : An integrative review. *Review of General Psychology, 2,* 271-299.

Gross, J. J. (2014). *Handbook of emotion regulation (2nd ed.).* New York : Guilford.

Gross, J. J., & John, O. P. (2003). Individual differences in two emotion regulation processes : Iplications for affect, relationships, and well-being. *Journal of Personality and Social Psychology, 85,* 348-362.

Groth-Marnat, G., & Mitchell, K. (1998). Responsiveness to direct versus indirect hypnotic procedures : The role of resistance as a predictor variable. *International Journal of Clinical and Experimental Hypnosis, 46,* 324-333.

Gunnison, H. (1985). The uniqueness of similarities : Parallels of Milton H. Erickson and Carl Rogers. *Journal of Counseling & Development, 63,* 561-564.

帚木蓬生(2013)生きる力——森田正馬の15の提言. 朝日新聞出版.

Haley, J. (1963). *Strategies of psychotherapy.* New York : Grune & Stratton.(高石 昇=訳 (1986)戦略的心理療法——ミルトン・エリクソン心理療法のエッセンス. 黎明書房)

Haley, J. (1973). *Uncommon therapy : The psychiatric techniques of Milton H. Erickson.* New York : Norton.(高石 昇・宮田敬一=訳(2000)アンコモンセラピー——ミルトン・エリクソンのひらいた世界. 二瓶社)

Hammond, D. C. (1984). Myths about Erickson and Ericksonian hypnosis. *American Journal of Clinical Hypnosis, 26,* 236-245.

Hammond, D. C. (1988). Will the real Milton Erickson please stand up?. *International Journal of Clinical and Experimental Hypnosis, 36,* 173-181.

Harris, D. (Producer) (2016, Aug. 11). *10 percent happier with Dan Harris : #29, Dr. Richard Davidson.* Retrieved from https://player.fm/series/10-happier-with-dan-harris/29-dr-richard-davidson.

Hartland, J. (1965). The value of "ego-strengthening" procedures prior to direct symptom-removal under hypnosis. *American Journal of Clinical Hypnosis, 8,* 89-93.

Hartland, J. (1971). Further observations on the use of "ego-strengthening" techniques. *American Journal of Clinical Hypnosis, 14,* 1-8.

Hasenkamp, W., Wilson-Mendenhall, C. D., Duncan, E., & Barsalou, L. W. (2012). Mind wandering and attention during focused meditation : A fine-grained temporal analysis of fluctuating cognitive states. *Neuroimage, 59,* 750-760.

Hayes, S. C. (2004). Acceptance and commitment therapy, relational frame theory, and the third wave of behavioral and cognitive therapies. *Behavior Therapy, 35,* 639-665.

Hayes-Skelton, S., & Graham, J. (2013). Decentering as a common link among mindfulness, cognitive reappraisal, and social anxiety. *Behavioural and Cognitive Psychotherapy, 41,* 317-328.

Heap, M., & Aravind, K. K. (2002). *Hartland's medical and dental hypnosis (4th ed.).* New York : Churchill Livingston.

Henretty, J. R., Currier, J. M., Berman, J. S., & Levitt, H. M. (2014). The impact of counselor self-disclosure on clients : A meta-analytic review of experimental and quasi-experimental research. *Journal of Counseling Psychology, 61,* 191-207.

Henretty, J. R., & Levitt, H. M. (2010). The role of therapist self-disclosure in psychotherapy : A qualitative review. *Clinical psychology review, 30,* 63-77.

Henry, W. P., Strupp, H. H., Butler, S. F., Schacht, T. E., & Binder, J. L. (1993). Effects of training in time-limited dynamic psychotherapy : Changes in therapist behavior. *Journal of Consulting and Clinical Psychology, 61,* 434-440.

Herman, J. L. (1997). *Trauma and recovery : The aftermath of violence : From domestic abuse to political terror* (rev. ed.). New York : Basic Books. (中井久夫＝訳 (1999) 心的外傷と回復（増補版）. みすず書房)

Hill, C. E. (1992). An overview of four measures developed to test the Hill process model : Therapist intentions, therapist response modes, client reactions, and client behaviors. *Journal of Counseling & Development, 70,* 728-739.

Hill, C. E., & Knox, S. (2002). Self-disclosure. In J. C. Norcross (Ed) *Psychotherapy relationships that work : Therapist contributions and responsiveness to patients* (pp.255-265). New York : Oxford University Press.

Hill, C. E., & O'Brien, K. M. (1999). *Helping skills : Facilitating exploration, insight, and action.* Washington, DC : American Psychological Association.

Hill, N. (1937). *Think and grow rich.* New York : The Ralston Society. (田中孝顕＝訳 (1990-1991) 思考は現実化する. きこ書房)

Hölzel, B. K., Lazar, S. W., Gard, T., Schuman-Olivier, Z., Vago, D. R., & Ott, U. (2011). How does mindfulness meditation work? Proposing mechanisms of action from a conceptual and neural perspective. *Perspectives on Psychological Science, 6,* 537-559.

Horney, K. (1945). *Our inner conflicts : A constructive theory of neurosis.* New York : Norton. (中井久夫・佐々木譲＝訳 (1981) 心の葛藤（ホーナイ全集 第5巻）. 誠信書房)

Horowitz, M. (2014). *One simple idea : How positive thinking reshaped modern life.* New York : Crown.

Horowitz, L. M., & Strack, S. (2010). *Handbook of interpersonal psychology : Theory, research, assessment, and therapeutic interventions.* New York : John Wiley & Sons.

Horvath, A. O., & Luborsky, L. (1993). The role of the therapeutic alliance in psychotherapy. *Journal of Consulting and Clinical Psychology, 61,* 561-573.

Howard, K. I., Moras, K., Brill, P. L., Martinovich, Z., & Lutz, W. (1996). Evaluation of psychotherapy : Efficacy, effectiveness, and patient progress. *American Psychologist, 51,* 1059-1064.

Huppert, J. D., Bufka, L. F., Barlow, D. H., Gorman, J. M., Shear, M. K., & Woods, S. W. (2001). Therapists, therapist variables, and cognitive-behavioral therapy outcome in a multicenter trial for panic disorder. *Journal of Consulting and Clinical Psychology, 69,* 747-755.

飯塚まり＝編著（2018）進化するマインドフルネス──ウェルビーイングへと続く道．創元社．

池埜 聡（2017）福祉職・介護職のためのマインドフルネス．中央法規出版．

生田久美子・北村勝郎＝編著（2011）わざ言語──感覚の共有を通しての「学び」へ．慶應義塾大学出版会．

今井芳昭（1993）社会的勢力に関連する研究の流れ──尺度化，影響手段，勢力動機，勢力変性効果，そして，社会的影響行動モデル．流通経済大学社会学部論叢 3, 39-66.

井上宗雄＝監修（1992）例解 慣用句辞典──言いたい内容から逆引きできる．創拓社．

井上ウィマラ（2003）心を開く瞑想レッスン．大法輪閣．

井上ウィマラ・大谷 彰（2017）瞑想実践を交えて考察する催眠療法とマインドフルネスの差異．Samgha Japan 27, 219-268.

乾 吉佑＝編著（2013）心理療法の見立てと介入をつなぐ工夫．金剛出版．

石田 敦（2014）スーパービジョンにおける倫理的原則の応用に関する研究．吉備国際大学研究紀要（人文・社会科学系）24, 1-11.

Ivey, A. E. (1983). *Intentional interviewing and counseling*. Monterey, CA : Brooks/Cole.

Jensen, M. P., & Karoly, P. (1991). Control beliefs, coping efforts, and adjustment to chronic pain. *Journal of Consulting and Clinical Psychology, 59*, 431-438.

Kabat-Zinn, J. (1990). *Full catastrophe living : Using the wisdom of your body and mind to face stress, pain, and illness*. New York : Delacorte Press.（春木 豊＝訳（2007）マインドフルネスストレス低減法．北大路書房）

Kagan (Klein), H., & Kagan, N. I. (1997). Interpersonal process recall : Influencing human interaction. In C. E. Watkins, Jr. (Ed.) *Handbook of psychotherapy supervision* (pp.296-309). Hoboken, NJ : Wiley.

Kagan, N., Schauble, P., Resnikoff, A., Danish, S. J., & Krathwohl, D. R. (1969). Interpersonal process recall. *Journal of Nervous and Mental Disease, 148*, 365-374.

懸田克躬・内薗耕二・渡辺良孝（1960）新英和医学辞典（第2版）．医学書院．

鎌田 穣（2003）モデル人格を利用した不安軽減法の試み．臨床催眠学 4, 25-32.

金屋平三（1991）義理・人情とは何か（義理人情論ノート2）．人文研究 43, 427-450.

川口陽徳（2011）「文字知」と「わざ言語」──「言葉にできない知」を伝える世界の言葉．In：生田久美子・北村勝郎＝編著．わざ言語──感覚の共有を通しての「学び」へ（pp.101-133）．慶應義塾大学出版会．

神田橋條治（1990）精神療法面接のコツ．岩崎学術出版社．

Keijsers, G. P. J., Schaap, C. P. D. R., & Hoogduin, C. A. L. (2000). The impact of interpersonal patient and therapist behavior on outcome in cognitive-behavior therapy : A review of empirical studies. *Behavior Modification, 24*, 264-297.

Kelly, G. A. (1973). Fixed role therapy. In R.-R. M. Jurjevich (Ed.) *Direct psychotherapy : 28 American originals* (Vol. 1) (pp.394-422). Coral Gables, FL : University of Miami Press.

Kiesler, D. J. (1996). *Contemporary interpersonal theory and research : Personality, psychopathology, and psychotherapy*. New York : Wiley.

Kim, D. J., Kim, K., Lee, H. W., Hong, J. P., Cho, M. J., Fava, M., Mischoulon, D., Heo, J.

Y. & Jeon, H. J. (2017). Internet game addiction, depression, and escape from negative emotions in adulthood : A nationwide community sample of Korea. *The Journal of Nervous and Mental Disease, 205*, 568-573.

Kirsch, I., & Lynn, S. J. (1999). Automaticity in Clinical Psychology. *American Psychologist, 54*, 504-515.

北 杜夫（1973）どくとるマンボウ青春期. 中公文庫.

Klerman, G. L., Weissman, M. M., Rounsaville, B. J., & Chevron, E. S. (1984). *Interpersonal psychotherapy of depression : A brief, focused, specific strategy*. New York : Basic Books.

Knapp, M. L., Stohl, C., & Reardon, K. K. (1981). "Memorable" messages. *Journal of Communication, 31*, 27-41.

Kobasa, S. C. (1979). Stressful life events, personality, and health : An inquiry into hardiness. *Journal of Personality and Social Psychology, 37*, 1-11.

近藤章久（2004）〈こころ〉の軌跡──禅・森田療法，精神分析・念仏. 春秋社.

Koocher, G. P., & Reith-Spiegel (2016) *Ethics in psychology and the mental health professions : standardsoud cases (4ᵗʰ ed.)*. New York, Oxford University Press.

Koopman, C., Gore-Felton, C., Classen, C., Kim, P., & Spiegel, D. (2002). Acute stress reactions to everyday stressful life events among sexual abuse survivors with PTSD. *Journal of Child Sexual Abuse, 10*, 83-99.

Korkmaz, B. (2011). Theory of Mind and neurodevelopmental disorders of childhood. *Pediatric Research, 69*, 101R-108R.

Kramer, P. D. (1989). *Moments of engagement : Intimate psychotherapy in a technological age*. New York : Norton.

熊野宏昭（2012）新世代の認知行動療法. 日本評論社.

國弘正雄（1970）英語の話しかた──同時通訳者の提言. サイマル出版会.

Ladany, N., Hill, C. E., Thompson, B. J., & O'Brien, K. M. (2004). Therapist perspectives on using silence in therapy : A qualitative study. *Counselling and Psychotherapy Research, 4*, 80-89.

Lakoff, G., & Johnson, M. (1980). *Metaphors we live by*. Chicago, IL : University of Chicago Press.（渡部昇一・楠瀬淳三・下谷和幸＝訳（1986）レトリックと人生. 大修館書店）

Lambert, M. J. (2013). *Bergin and Garfield's handbook of psychotherapy and behavior change*. New York : Wiley.

Lambert, M. J., & Barley, D. E. (2001). Research summary on the therapeutic relationship and psychotherapy outcome. *Psychotherapy : Theory, research, practice, training, 38*, 357-361.

Lambert, M. J., Whipple, J. L., Vermeersch, D. A., Smart, D. W., Hawkins, E. J., Nielsen, S. L., & Goates, M. (2002). Enhancing psychotherapy outcomes via providing feedback on client progress : A replication. *Clinical Psychology & Psychotherapy, 9*, 91-103.

Lavertue, N. E., Kumar, V. K., & Pekala, R. J. (2002). The effectiveness of a hypnotic ego-strengthening procedure for improving self-esteem and depression. *Australian Journal of Clinical and Experimental Hypnosis, 30*, 1-23.

Lazarus, A. A. (1989). *The practice of multimodal therapy : Systematic, comprehensive, and effective psychotherapy.* Baltimore, MD : Johns Hopkins University Press.（高石 昇＝監訳（1999）マルチモード・アプローチ——行動療法の展開. 二瓶社）

Lazarus, R. S. (1993). From psychological stress to the emotions : A history of changing outlooks. *Annual Review of Psychology, 44*, 1-22.

Leary, T. (1957). *Interpersonal diagnosis of personality : A functional theory and methodology for personality evaluation.* New York : The Ronald Press.

LeVine, P. (2017). *Classic Morita Therapy : Consciousness, Zen, justice and trauma.* Abingdon, United Kingdom : Routledge.

Liebman, J. (1946). *Peace of mind.* New York : Simon & Schuster.

Lim, C., Chong, S. A., & Keefe, R. S. (2009). Psychosocial factors in the neurobiology of schizophrenia : A selective review. *Annuals Academy of Medicine Singapore, 38*, 402-406.

Logan, G. D. (1990). Repetition priming and automaticity : Common underlying mechanisms?. *Cognitive Psychology, 22*, 1-35.

Longmore, R. J., & Worrell, M. (2007). Do we need to challenge thoughts in cognitive behavior therapy?. *Clinical Psychology Review, 27*, 173-187.

Luterek, J. A., Harb, G. C., Heimberg, R. G., & Marx, B. P. (2004). Interpersonal rejection sensitivity in childhood sexual abuse survivors : Mediator of depressive symptoms and anger suppression. *Journal of Interpersonal Violence, 19*, 90-107.

Lynch, T. R., Chapman, A. L., Rosenthal, M. Z., Kuo, J. R., & Linehan, M. M. (2006). Mechanisms of change in dialectical behavior therapy : Theoretical and empirical observations. *Journal of Clinical Psychology, 62*, 459-480.

Lynn, S. J., Neufeld, V., & Maré, C. (1993). Direct versus indirect suggestions : A conceptual and methodological review. *International Journal of Clinical and Experimental Hypnosis, 41*, 124-152.

前田泰宏（2018）変容プロセス——変容のための段階設定. In：岩壁 茂＝編著：カウンセリングテクニック入門（pp.230-237）. 金剛出版

牧 剛史（2014）. 臨床心理士養成プログラムにおける実践知の重要性. 佛教大学教育学部論集 25, 25-34.

Martin, D. J., Garske, J. P., & Davis, M. K. (2000). Relation of the therapeutic alliance with outcome and other variables : A meta-analytic review. *Journal of Consulting and Clinical Psychology, 68*, 438-450.

Martin, J., Cummings, A. L., & Hallberg, E. T. (1992). Therapists' intentional use of metaphor : Memorability, clinical impact, and possible epistemic/motivational functions. *Journal of Consulting and Clinical Psychology, 60*, 143-145.

Maslow, A. H. (1966). *The Psychology of science : A reconnaissance.* Washington, D.C. : Regnery Publishing.

McClelland, D. C. (1942). Functional autonomy of motives as an extinction phenomenon. *Psychological Review, 49*, 272-283.

McFall, R. M. (2006). Doctoral training in clinical psychology. *Annual Review Clinical Psychology, 2*, 21-49.

McNeal, S. A., & Frederick, C. (1993). Inner strength and other techniques for ego strengthening. *American Journal of Clinical Hypnosis, 35*, 170-178.

McWilliams, N. (2011). *Psychoanalytic diagnosis : Understanding personality structure in the clinical process.* New York : Guilford Press.

Merikle, P. M., Smilek, D., & Eastwood, J. D. (2001). Perception without awareness : Perspectives from cognitive psychology. *Cognition, 79*, 115-134.

三國牧子 (2015) 共感的理解をとおして. ロジャーズの中核三条件・共感的理解. カウンセリングの本質を考える, 3. 4-20.

Minuchin, S. (1974). *Families and family therapy.* Cambridge, MA : Harvard University Press.（山根常男＝監訳（1984）家族と家族療法. 誠信書房）

宮城恵子・伊佐雅子 (2012) 患者の視点からみた医療不信とコミュニケーション. 日本コミュニケーション学会九州支部 *10*, 14-36.

Moloney, P. (2013). *The therapy industry : The irresistible rise of the talking cure, and why it doesn't work.* London, United Kingdom : Pluto Press.

森 俊夫 (2015) ブリーフセラピーの極意. ほんの森出版社.

森田正馬 (1975) 形外会記録（森田正馬全集第5巻）. 白揚社.

Mosak, H. H., & Dreikurs, R. (1973). Adlerian psychotherapy. In R. Corsini (Ed.) *Current psychotherapies* (pp.35-83). Itasca, IL : Peacock Publishers.

Mueller, W. J., & Aniskiewicz, A. S. (1986). *Psychotherapeutic intervention in hysterical disorders.* Lanham, MD : Jason Aronson.

Multon, K. D., Ellis-Kalton, C. A., Heppner, M. J., & Gysbers, N. C. (2003). The relationship between counselor verbal response modes and the working alliance in career counseling. *The Career Development Quarterly, 51*, 259-273.

Muse, K., McManus, F., Leung, C., Meghreblian, B., & Williams, J. M. G. (2012). Cyberchondriasis : Fact or fiction? A preliminary examination of the relationship between health anxiety and searching for health information on the Internet. *Journal of Anxiety Disorders, 26*, 189-196.

中井久夫 (1987/2012)「伝える」ことと「伝わる」こと——中井久夫コレクション. 筑摩書房.

中村 元 (1978) ブッダの真理のことば・感興のことば. 岩波書店.

中村 元 (2010) 慈悲. 講談社.

中村敏枝 (2002)「間」の感性情報. 日本ファジィ学会誌 14, 15-21.

中根千恵 (1967) タテ社会の人間関係——単一社会の理論. 講談社.

夏目 誠 (2008) 出来事のストレス評価. 精神神經學雜誌 110, 182-188.

夏目 誠・大江米次郎 (2003). 大学生のストレス評価法（第3報）——大阪樟蔭女子大学の学生を対象に. 大阪樟蔭女子大学人間科学研究紀要 2, 93-105.

縄田健悟 (2014) 血液型と性格の無関連性——日本と米国の大規模社会調査を用いた実証的論拠. 心理学研究 85, 148-156.

Neimeyer, R. A. (1993). An appraisal of constructivist psychotherapies. *Journal of*

Consulting and Clinical Psychology, 61, 221-234.

西平直喜（1969）青年心理学における対人関係の分析. 教育心理学研究 1, 48-54.

Nolen-Hoeksema, S. (2000). The role of rumination in depressive disorders and mixed anxiety/depressive symptoms. *Journal of Abnormal Psychology, 109*, 504-511.

Novey, S. (1962). The principle of "working through" in psychoanalysis. *Journal of the American Psychoanalytic Association, 10*, 658-676.

Ogden, T. H. (1979). On projective identification. *International Journal of Psychoanalysis, 60*, 357-373.

岡本浩一・角藤比呂志（2017）新時代のやさしいトラウマ治療——NLP，マインドフルネス・トレーニング，EFT，EMDR，動作法への招待. 春風社.

Okiishi, J., Lambert, M. J., Nielsen, S. L., & Ogles, B. M. (2003). Waiting for supershrink : An empirical analysis of therapist effects. *Clinical Psychology & Psychotherapy, 10*, 361-373.

Ortony, A., & Turner, T. J. (1990). What's basic about basic emotions?. *Psychological Review, 97*, 315-331.

Osler, M., & Prescott, E. (1998). Psychosocial, behavioural, and health determinants of successful smoking cessation : A longitudinal study of Danish adults. *Tobacco Control, 7*, 262-267.

Otani, A. (1989-a). Client resistance in counseling : Its theoretical rationale and taxonomic classification. *Journal of Counseling & Development, 67*, 458-461.

Otani, A. (1989-b). Resistance management techniques of Milton H. Erickson, MD : An application to nonhypnotic mental health counseling. *Journal of Mental Health Counseling, 11*, 325-334.

Otani, A. (1989-c). Integrating Milton H. Erickson's hypnotherapeutic techniques into general counseling and psychotherapy. *Journal of Counseling & Development, 68*, 203-207.

Otani, A. (1998). The rose maker : Memories of Dr. Kay F. Thompson. *American Journal of Clinical Hypnosis, 41*, 111-114.

Otani, A. (2004). And her words will go on. In S. Kane, & K. Olness (Eds.) *The art of therapeutic communication : The collected works of Kay F. Thompson* (pp.132-134). New York : Crown House Publishing.

大谷 彰（2004-a）カウンセリングテクニック入門. 二瓶社.

大谷 彰（2004-b）教育研修講演 ミルトン・エリクソンの催眠——その人気と誤解. 臨床催眠学 5, 17-23.

大谷 彰（2005）臨床催眠家に求められる特性. 臨床催眠学 6, 39-46.

大谷 彰（2006）ミルトン・エリクソン再思三考——催眠，有効性，および理論. 臨床催眠学 7, 14-21.

大谷 彰（2011）一般臨床における催眠テクニック応用について——ポストエリクソンの視点から. 臨床催眠学 12, 29-40.

大谷 彰（2013）催眠療法における見立てと介入をつなぐ工夫. In：乾 吉祐＝編著：心理療法の見立てと介入をつなぐ工夫（pp.45-59）. 金剛出版.

大谷 彰（2014）マインドフルネス入門講義. 金剛出版.

大谷 彰（2017-a）マインドフルネス実践講義──マインドフルネス段階的トラウマセラピー（MB-POTT）. 金剛出版.

大谷 彰（2017-b）ブリーフセラピーのこれまでとこれから──効果的・効率的な実践のために（1）. ブリーフセラピー・ネットワーカー 18, 1-21.

大谷 彰（2018-a）ブリーフセラピーのこれまでとこれから──効果的・効率的な実践のために（2）. ブリーフセラピー・ネットワーカー 19, 1-12.

大谷 彰（2018-b）間接暗示・メタファー──指示を示唆する技術. In：岩壁 茂＝編著：カウンセリングテクニック入門（pp.185-190）. 金剛出版.

大谷 彰（近刊）米国の臨床心理学の教育カリキュラム. In:下山晴彦・金沢吉展・沢宮容子＝編：現代の臨床心理学 第1巻. 東京大学出版会.

Overholser, J. C. (2007). The Boulder model in academia : Struggling to integrate the science and practice of psychology. *Journal of Contemporary Psychotherapy, 37,* 205-211.

Paul, I. H. (1989). *The craft of psychotherapy : Twenty-seven studies.* New York : Aronson.

Perrin, P. B., Heesacker, M., Pendley, C., & Smith, M. B. (2011). Social influence processes. In J. E. Maddux & J. P. Tangney (Eds.) *Social psychological foundations of clinical psychology* (pp.441-460). New York : Guilford.

Petty, R. E., & Cacioppo, J. T. (1986). The elaboration likelihood model of persuasion. *Advances in Experimental Social Psychology, 19,* 123-205.

Phillips, M. (2001). Potential contributions of hypnosis to ego-strengthening procedures in EMDR. *American Journal of Clinical Hypnosis, 43,* 247-262.

Phillips, M., & Frederick, C. (1992). The use of hypnotic age progressions as prognostic, ego-strengthening, and integrating techniques. *American Journal of Clinical Hypnosis, 35,* 99-108.

Pinto-Coelho, K. G., Hill, C. E., & Kivlighan Jr, D. M. (2016). Therapist self-disclosure in psychodynamic psychotherapy : A mixed methods investigation. *Counselling Psychology Quarterly, 29,* 29-52.

Powers, R. L., & Griffith, J. (1987). *Understanding life-style : The psycho-clarity process.* New York : Adlerian Psychology Associates.

Prochaska, J. O., & DiClemente, C. C. (1983). Stages and processes of self-change of smoking : Toward an integrative model of change. *Journal of Consulting and Clinical Psychology, 51,* 390-395.

Prochaska J. O., Redding, C. A., & Evers, K. E. (2008). The transtheoretical model of change. In K. Glanz, B. K. Rimer, & K. Viswanath (Eds.), *Health behavior and health education : Theory, research, and practice (4ᵗʰ ed.)* (pp.97-121). San Francisco : Jossey-Bass.

Prochaska J. O., & Veilcer, W. F. (1997). The transtheoretical model of health behavior change. *American Journal of Health Promotion, 12,* 38-48.

Prochaska, J. O., Velicer, W. F., Rossi, J. S., Goldstein, M. G., Marcus, B. H., Rakowski, W., Fiore, C., Harlow, L. L., Redding, C. A., Rosenbloom, D. and Rossi, S.R. (1994).

Stages of change and decisional balance for 12 problem behaviors. *Health Psychology, 13,* 39-46.

Rahl, H. A., Lindsay, E. K., Pacilio, L. E., Brown, K. W., & Creswell, J. D. (2017). Brief mindfulness meditation training reduces mind wandering : The critical role of acceptance. *Emotion, 17,* 224-230.

Rains, S. A. (2013). The nature of psychological reactance revisited : A meta-analytic review. *Human Communication Research, 39,* 47-73.

Rainville, P. (2002). Brain mechanisms of pain affect and pain modulation. *Current Opinion in Neurobiology, 12,* 195-204.

Rainville, P., Carrier, B., Hofbauer, R. K., Bushnell, M. C., & Duncan, G. H. (1999). Dissociation of sensory and affective dimensions of pain using hypnotic modulation. *Pain, 82,* 159-171.

Raven, B. H., & French, J. R. (1958). Group support, legitimate power, and social influence. *Journal of Personality, 26,* 400-409.

Rawal, A., Park, R. J., & Williams, J. M. G. (2010). Rumination, experiential avoidance, and dysfunctional thinking in eating disorders. *Behaviour Research and Therapy, 48,* 851-859.

Resnikoff, A., Kagan, N., & Schauble, P. G. (1970). Acceleration of psychotherapy through stimulated videotape recall. *American Journal of Psychotherapy, 24,* 102-111.

Rogers, C. R. (1942). *Counseling and psychotherapy : Newer concepts in practice.* Boston : Houghton Mifflin.

Rogers, C. R. (1957). The necessary and sufficient conditions of therapeutic personarity change. *Journal of Consulting Psychhology. 21,* 95-103.

Rogers, C. R. (1961). "To be that self which one truly is" : A therapist's view of personal goals. In C. R. Rogers (Ed.) *On becoming a person : A therapist's view of psychotherapy* (pp.163-182). Boston : Houghton Mifflin.

Rogers, C. R. (1967). The silent young man. In C. R. Rogers, E. T. Gendlin, D. J. Kiesler, & C. B. Truax (Eds.), *The therapeutic relationship and its impact : A study of psychotherapy with schizophrenics* (pp.401-416). Madison, WI : University of Wisconsin Press.

Rogers, C. R. (1985). Reaction to Gunnison's article on the similarities between Erickson and Rogers. *Journal of Counseling & Development, 63,* 565-566.

Rogers, C. R., & Russel, D. (2002). *The quiet revolutionary : An oral history.* Roseville, CA : Penmarin Books.

Rogers, C. R., & Truax, C. B. (1967). The therapeutic conditions antecedent to change : A theoretical view. In C. R. Rogers, E. T. Gendlin, D. J. Kiesler, & C. B. Truax (Eds.), *The therapeutic relationship and its impact : A study of psychotherapy with schizophrenics* (pp.97-108). Madison, WI : University of Wisconsin Press.

Rossi, E. L. (1973). Psychological shocks and creative moments in psychotherapy. *American Journal of Clinical Hypnosis, 16,* 9-22.

Safran, J., & Segal, Z. V. (1996). *Interpersonal process in cognitive therapy.* Lanham, MD : Jason Aronson, Incorporated.

Safran, J. D. (1993). The therapeutic alliance rupture as a transtheoretical phenomenon. *Journal of Psychotherapy Integration, 3*, 33-49.

斎藤 孝 (2000) 身体感覚を取り戻す——腰・ハラ文化の再生. 日本放送出版協会.

Sarbin, T. R. (1950). Contributions to role-taking theory : I. Hypnotic behavior. *Psychological Review, 57*, 255-270.

佐藤健太 (2015)「型」が身につくカルテの書き方. 医学書院.

Schachter, S., & Singer, J. (1962). Cognitive, social, and physiological determinants of emotional state. *Psychological Review, 69*, 379-399.

Schroeder, J., & Fishbach, A. (2015). The "empty vessel" physician : physicians' instrumentality makes them seem personally empty. *Social Psychological and Personality Science, 6*, 940-949.

Schulte-Rüther, M., Markowitsch, H. J., Fink, G. R., & Piefke, M. (2007). Mirror neuron and theory of mind mechanisms involved in face-to-face interactions : A functional magnetic resonance imaging approach to empathy. *Journal of Cognitive Neuroscience, 19*, 1354-1372.

Schwary, R. L. (Producer), & Redford, R. (Director) (1980). *Ordinary people* [Motion Picture]. United States : Paramount.

Schwartz, R. M. (1986). The internal dialogue : On the asymmetry between positive and negative coping thoughts. *Cognitive Therapy and Research, 10*, 591-605.

Schwartz, R. M., & Gottman, J. M. (1976). Toward a task analysis of assertive behavior. *Journal of Consulting and Clinical Psychology, 44*, 910-920.

Schwartz, R. M., Reynolds III, C. F., Thase, M. E., Frank, E., Fasiczka, A. L., & Haaga, D. A. (2002). Optimal and normal affect balance in psychotherapy of major depression : Evaluation of the balanced states of mind model. *Behavioural and Cognitive Psychotherapy, 30*, 439-450.

Scott, R., & Kane, S. (2004). Wheels on the concept of love : "Well, if you can do something good for them, do it!" In S. Kane, & K. Olness (Eds.) *The art of therapeutic communication : The collected works of Kay F. Thompson* (pp.483-506). New York : Crown House Publishing.

Shapiro, D. (1965/1999). *Neurotic styles*. New York : Basic Books.

Shapiro, D. (1989). *Psychotherapy of neurotic character*. New York : Basic Books.

Sharot, T. (2017). *The influential mind : What the brain reveals about our power to change others*. New York : Henry Holt & Co.

Shedler, J. (2010). The efficacy of psychodynamic psychotherapy. *American Psychologist, 65*, 98-109.

白砂佐和子・平井洋子 (2005) 円環モデルによる対人関係上の問題の構造把握. パーソナリティ研究 13, 252-263.

Simon, P. (1966). *I am a rock*. New York : Universal Music Publishing Group.

Solomon, M., & Siegel, D. J. (2017). *How people change : Relationships and neuroplasticity in psychotherapy*. New York : Norton.

Steiner, C. (1975). *Scripts people live : Transactional analysis of life scripts*. New York :

Bantam.

Stiles, W. B., Shapiro, D. A., & Firth-Cozens, J. A. (1988). Verbal response mode use in contrasting psychotherapies : A within-subjects comparison. *Journal of Consulting and Clinical Psychology, 56,* 727-733.

Stiles, W. B., Shapiro, D. A., & Firth-Cozens, J. A. (1989). Therapist differences in the use of verbal response mode forms and intents. *Psychotherapy : Theory, Research & Practice, 26,* 314-322.

Stone, M. H. (1993). *Abnormalities of personality : Within and beyond the realm of treatment.* New York : Norton.

Strong, S. R. (1968). Counseling : An interpersonal influence process. *Journal of Counseling Psychology, 15,* 215-224.

Strong, S. R. (1991). Social influence and change in therapeutic relationships. In C. R. Snyder, C. R., & D. R. Forsyth (Eds.) *Handbook of social and clinical psychology : The health perspective* (pp.540-562). New York : Pergamon Press.

Sturm, C. (2012, February). *Record keeping for practitioners.* Retrieved from https://www.apa.org/monitor/2012/02/ce-corner.aspx.

Sullivan, H. S. (1940). Conceptions of modern psychiatry : The first William Alanson White memorial lectures. *Psychiatry, 3,* 1-117.

Sullivan, H. S. (1953). *The interpersonal theory of psychology.* New York : The William Alanson White Psychiatric Foundation.

住大恭康 (2005) 医師・患者コミュニケーションの諸相——医療コミュニケーションを検討するためのメモ. 医事学研究 20, 1-24.

Susīlā, S. (2012). *Unravelling the mysteries of mind & body through abhidhamma.* Penang : Malaysia.

多田幸司 (2010) 非定型うつ病とパーソナリティ. 精神神經學雜誌 112, 1091-1096.

田上太秀 (2000) 仏陀のいいたかったこと. 講談社.

高石 昇・大谷 彰 (2012) 現代催眠原論——理論・臨床・検証. 金剛出版.

Taren, A. A., Gianaros, P. J., Greco, C. M., Lindsay, E. K., Fairgrieve, A., Brown, K. W., Rosen, R. K., Ferris, J. L., Julson, E., Marsland, A. L., & Bursley, J. K. (2015). Mindfulness meditation training alters stress-related amygdala resting state functional connectivity : A randomized controlled trial. *Social Cognitive and Affective Neuroscience, 1,* 1-11.

Tellegen, A., & Atkinson, G. (1974). Openness to absorbing and self-altering experiences ("absorption"), a trait related to hypnotic susceptibility. *Journal of abnormal psychology, 83,* 268-277.

Tenenbaum, H. C., & Davis, K. D. (2014). Enhanced medial prefrontal-default mode network functional connectivity in chronic pain and its association with pain rumination. *The Journal of Neuroscience, 34,* 3969-3975.

Thomas, K. M., Hopwood, C. J., Woody, E., Ethier, N., & Sadler, P. (2014). Momentary assessment of interpersonal process in psychotherapy. *Journal of Counseling Psychology, 61,* 1-14.

Thompson, K. F. (2004). The curiosity of Milton H. Erickson, M.D. In S. Kane, & K.

Olness (Eds.). *The art of therapeutic communication : The collected works of Kay F. Thompson* (pp.29-38). Williston, VT : Crown House Publishing.

Tversky, A., & Kahneman, D. (1974). Judgment under uncertainty : Heuristics and biases. *Science, 185*, 1124-1131.

van Egmond, J., & Kummeling, I. (2002). A blind spot for secondary gain affecting therapy outcomes. *European Psychiatry, 17*, 46-54.

Villatte, M., Villatte, J. L., & Hayes, S. C. (2015). *Mastering the clinical conversation : Language as intervention.* New York : Guilford.

Visser, C. F. (2013). The origin of the solution-focused approach. *International Journal of Solution-Focused Practices, 1*, 10-17.

Wachtel, P. L. (1977). *Psychoanalysis & behavior therapy : Toward an integration.* New York : Basic Books.

Wachtel, P. L. (1980). What should we say to our patients? On the wording of therapists' comments. *Psychotherapy : Theory, Research & Practice, 17*, 183.

Wachtel, P. L. (1993). *Therapeutic communication knowing what to say when (2nd ed.).* New York : Guilford.(杉原保史＝訳(2011)心理療法家の言葉の技術 第2版――治療的コミュニケーションをひらく. 金剛出版)

Wampold, B. E. (2015). How important are the common factors in psychotherapy? : An update. *World Psychiatry, 14*, 270-277.

Watkins, J. G., & Watkins, H. H. (1981). Ego-state therapy. In R. J. Corsini (Ed.) *Handbook of innovative psychotherapies* (pp.252-270). New York : Wiley.

Watkins, J. G., & Watkins, H. H. (1997). *Ego states : Theory and therapy.* New York : Norton.(福井義一・福島裕人・田中 究＝監訳(2019)自我状態療法――理論と実践. 金剛出版)

Watzlawick, P., Beavin, J. B., & Jackson, D. D. (2011). *Pragmatics of human communication : A study of interactional patterns, pathologies and paradoxes.* New York : Norton.

Wegner, D. M. (1997). When the antidote is the poison : Ironic mental control processes. *Psychological Science, 8*, 148-150.

Wells, A. (2009). *Metacognitive Therapy for anxiety and depression.* New York : Guilford.

Welpton, D. F. (1973/2013). Confrontation in the therapeutic process. In G. Adler & P. G. Myerson (Eds.) *Confrontation in psychotherapy* (E-book, pp.411-445). Chevy Chase, MD : International Psychotherapy Institute E-Books.

Werner, E. E., & Smith, R. S. (1992). *Overcoming the odds : High risk children from birth to adulthood.* Ithaca, NY : Cornell University Press.

Wheeler, M. S., Arnkoff, D. B., & Glass, C. R. (2017). The neuroscience of mindfulness : How mindfulness alters the brain and facilitates emotion regulation. *Mindfulness, 8*, 1471-1487.

Whitaker, C. A., Warkentin, J., & Johnson, N. (1949). A philosophical basis for brief psychotherapy. *Psychiatric Quarterly, 23*, 439-443.

Williamson, E. G. (1947). Counseling and the Minnesota point of view. *Educational and psychological measurement, 7*, 141-155.

Wilson, S., Stroud, C. B., & Durbin, C. E. (2017). Interpersonal dysfunction in personality disorders : A meta-analytic review. *Psychological Bulletin, 143*, 677-734.

Wolberg, L. R. (1988). *The technique of psychotherapy (4th ed.).* New York : Grune & Stratton.

Wollburg, E., & Braukhaus, C. (2010). Goal setting in psychotherapy : The relevance of approach and avoidance goals for treatment outcome. *Psychotherapy Research, 20*, 488-494.

Wolpe, J. (1961). The systematic desensitization treatment of neuroses. *Journal of Nervous and Mental Disease, 132*, 189-203.

八木亜紀子 (2012) 相談援助職の記録の書き方――短時間で適切な内容を表現するテクニック. 中央法規出版.

八尋華那雄・井上眞人・野沢由美佳 (1993) ホームズらの社会的再適応評価尺度 (SRRS) の日本人における検討. 健康心理学研究 6, 18-32.

Yalom, I. (2001). *The gift of therapy : An open letter to a new generation of therapists and their patient.* New York : Harper Collins. (岩田真理＝訳 (2007) ヤーロムの心理療法講義――カウンセリングの心を学ぶ85講. 白揚社)

山田忠雄ほか＝編 (2013) 新明解国語辞典 [第七版]. 三省堂.

山口育子 (2018 [2月7日]) 治療選択肢の提示 "丸投げ" や "強制" になっていませんか？. *CareNet*. Retrieved from http://www.carenet.com/series/coml/cg001859_013.html?utm_source=m15&utm_medium=email&utm_campaign=2018020301.

山本七平 (1977) 「空気」の研究. 文藝春秋.

山本 力・塚本千秋・西山久子・赤澤大史 (2003) 教育臨床における見立て・評価について――教育実践総合センター研修講座・教育臨床部門分科会の報告. 岡山大学教育実践総合センター紀要 3, 155-166.

柳田知司 (1975) 薬物依存関係用語の問題点. 臨床薬理 6, 347-350.

Young, J. E., Klosko, J. S., & Weishaar, M. E. (2003). *Schema therapy : A practitioner's guide.* New York : Guilford Press. (伊藤絵美＝訳 (2008) スキーマ療法――パーソナリティの問題に対する統合的認知行動療法アプローチ. 金剛出版)

Zegers, M., de Bruijne, M. C., Spreeuwenberg, P., Wagner, C., Groenewegen, P. P., & van der Wal, G. (2011). Quality of patient record keeping : An indicator of the quality of care? *British Medical Journal : Quality & Safety, 20*, 314-318.

Zeidan, F., Johnson, S. K., Diamond, B. J., David, Z., & Goolkasian, P. (2010). Mindfulness meditation improves cognition : Evidence of brief mental training. *Consciousness and Cognition, 19*, 597-605.

Zeig, J. K. (Ed.). (1980). *Teaching seminar with Milton H. Erickson.* New York : Brunner/Mazel.

Zhang, Y., Sun, Y., & Xie, B. (2015). Quality of health information for consumers on the web : A systematic review of indicators, criteria, tools, and evaluation results. *Journal of the Association for Information Science and Technology, 66*, 2071-2084.

索　引

人名索引

アイヴィ，アレン（Allen Ivey）........................ 27
青木みのり 92
ウィリアムソン，エドマンド（Edmund Williamson）
.... 139, 156
ウォルピ，ジョセフ（Joseph Wolpe）............. 140
エクマン，ポール（Paul Ekman）........ 47, 48, 159
エリクソン，K・アンダース（K. Anders Ericsson）
.... 192, 193, 203
エリクソン，ミルトン（Milton H. Erickson）
.... 27, 50, 52, 140, 142, 146, 150, 151, 153,
155, 157, 158, 178-180, 188, 189, 192, 193
大谷彰 16, 26, 27, 31, 42, 50, 52, 57, 69, 73, 74,
85, 88, 105, 106, 132, 140, 146, 147, 157, 158,
161, 166, 173, 174, 189, 196, 199, 201, 202
神田橋條治 40, 41, 46
キースラー，ドナルド（Donald Kiesler）....... 24,
113
北杜夫 145-148
クーエ，エミール（Emile Coué）........... 176, 177
クラーマン，ジェラルド（Gerald Klerman）... 110
グロス，ジェイムス（James Gross）........ 160-162,
173
ケリー，ジョージ（George Kelly）.................. 184
コーダロ，ダニエル（Daniel Cordaro）..... 47, 48,
159

コーミエー，ウィリアム（William Cormier）
.... 18, 27
サリヴァン，ハリー（Harry Sullivan）...... 28, 109,
110, 131, 201
ジェームズ，ウィリアム（William James）.... 189
ジャクソン，ドン（Don Jackson）.............. 23, 24
シャクター，スタンリー（Stanley Schachter）
.... 44, 162
シンガー，ジェローム（Jerome Singer）... 44, 162
ストーン，マイケル（Michael Stone）........... 110
ディクレメンテ，カーロ（Carlo DiClemente）
.... 99
ディシェイザー，スティーヴ（Steve de Shazer）
.... 92
中根千恵 139
中村元 46, 47, 134, 157
ナップ，マーク（Mark Knapp）...... 141, 144, 157
ハートランド，ジョン（John Hartland）
.... 175-181
ビーヴィン，ジャネット（Janet Beavin）... 23, 24
ヒル，クララ（Clara Hill）.............. 26, 64, 66, 67
ブーバー，マルティン（Martin Buber）........... 27
フィリップス，マギー（Maggie Phillips）...... 179,
180, 189
フレデリック，クレア（Clare Frederick）
.... 178-180
プロチャスカ，ジェームス（James Prochaska）
.... 17, 99-102
ベイトソン，グレゴリー（Gregory Bateson）... 140
ヘイリー，ジェイ（Jay Haley）...................... 140
ベンジャミン，ローナ（Lorna Benjamin）....... 17,
116-119, 123, 125, 131, 133, 134

225

ホーナイ，カレン（Karen Horney）........ 110-117, 123-125, 131, 132

マクニール，シャーリー（Shirley McNeal）
.... 178-180, 186, 188

宮本武蔵 202

森俊夫 92, 106

森田正馬 184, 189, 201

山本七平 28

ラザラス，アーノルド（Arnold Lazarus）....... 110

ランバート，マイケル（Michael Lambert）..... 17, 21

リアリー，ティモシー（Timothy Leary）....... 113, 114, 117, 131, 132

リネハン，マーシャ（Marsha Linehan）.......... 163

ロジャーズ，カール（Carl Rogers）..... 22, 28, 33, 34, 40, 41, 45-47, 51, 52, 66, 67, 69, 72, 129, 135, 139, 194, 200

ワイスマン，マーナ（Myrna Weissman）........ 110

ワクテル，ポール（Paul Wachtel）..... 27, 47, 194, 195

ワツラウィック，ポール（Paul Watzlawick）
.... 23, 24

ワトキンス，ジョン（John Watkins）...... 180, 189

A-Z

ACT ［➡アクセプタンス・コミットメント・セラピー］

BASIC-ID 110, 131

CBT ［➡認知行動療法］

DBT ［➡弁証法的行動療法］

DSM-5 .... 73, 113-115

EST ［➡実証的に支持された介入法］

ICD-10 73

IPR ［➡インターパーソナル・プロセス・リコール］

SASB ［➡社会行動構造分析］

SFT ［➡ソリューション・フォーカスト・セラピー］

SFBT ［➡ソリューション・フォーカスト・ブリーフセラピー］

事項索引

あ

アクセプタンス・コミットメント・セラピー（ACT）... 140, 162

アドラー心理学 68, 72, 85, 86, 184

アライアンス 21, 22, 25, 26, 28, 32, 36, 38, 45, 49, 53, 59, 63, 65, 67, 68, 71, 178, 180, 196

イエスセット 142, 146, 147, 157, 165

意識的練習 192, 193, 202

意図的応答 ... 18, 20, 25, 26, 32, 34, 42, 66, 191, 192, 195, 202

インターパーソナル・プロセス・リコール（IPR）
.... 19, 200, 204

運用能力（コンピテンシー）...... 16, 26, 155, 197, 203

エクストリーム・クエスチョン 91

オウム返し 20, 27, 62

覚え書き 191-202

　第1条 つねに練習を心がける 192

　第2条 幅広い知識と教養を身につける ... 194

　第3条 想定外の反応に備える 195

　第4条 職業倫理を遵守する 196

　第5条 支援プロセスは詳細かつ具体的に記録する 197

　第6条 優れた指導者を見つける 199

　第7条 人生と人についての知見を深める
　... 200

　第8条 自己の人間性を高める 201

か

簡易Ａ－Ｂ－Ｃモデル 33, 74-77, 80, 83-85

感化スキル 16, 53, 54, 68, 76, 195

解釈 16, 54, 57-59, 68
　自己開示 54, 63-65, 68, 69, 200
　情報提供 16, 54, 60, 61, 68, 69
　探索 16, 38, 54, 55, 68
　　開放型—— 54, 55, 76-81, 83, 94-98
　　閉鎖型—— 54, 55, 77, 78, 81-83, 95
　　無用な—— 19
　沈黙 54, 65-69
　反復 27, 54, 62, 63, 68, 157
　矛盾提示 16, 43, 54, 56-58, 68, 69, 78, 79
基本的対人態度 110-114, 116, 124, 131
　敵対型 ... 111, 112, 114, 115, 124, 132
　服従型 111-115, 125, 132
　離人型 ... 111, 112, 114, 116, 123, 132
気まぐれ発言 19
共感 16, 20-22, 32-36, 40, 43, 48-52, 56, 57, 64,
　67, 75, 90, 112, 114, 128, 142, 146, 151, 156,
　170, 174, 199-201
　——的矛盾提示 56
　情動—— 33, 36, 196
　的確な—— 25, 34, 38
　認知—— 35, 60, 196
共通要素 16, 28
拒絶感受性 125
空気を読む／空気が読めない 24, 25, 40
傾聴スキル 16, 18, 19, 31, 32, 36, 37, 49, 53,
　54, 59, 68, 75, 76, 84, 85, 91
　言い換え 16, 18, 32, 35, 36, 38, 39, 41, 42,
　　49, 59, 75-77, 79, 94, 98, 142, 165
　感情反映 16, 18, 32-35, 38-41, 49, 75, 76,
　　78, 94, 128, 142
　明確化 .. 16, 18, 25, 32, 33, 37, 38, 42, 43, 49,
　　54, 59, 75, 77, 80, 95, 96, 98
　要約 16, 18, 32, 36, 38, 42, 43, 49, 56, 59,
　　78, 82, 83, 95, 96, 103, 142
行動療法 17, 110, 140, 163, 194
　系統的脱感作 140
　第 3 世代の—— 86
心に残るメッセージ（memorable messages）... 157
心の理論 28, 50, 92
コーピング 44, 45, 160-162, 176, 182, 186

コミットメント 88, 90, 99, 101, 102, 105

さ

催眠 27, 50, 69, 90, 106, 139, 149, 157, 158,
　175, 179, 180, 185, 188, 189, 193
サテライト・クエスチョン 93, 106
支援記録（カルテ）..................... 197, 198
支援者
　知見 200
　人間性 19, 26, 32, 64, 201, 202
支援目標 74, 84, 87-92, 99-103, 105, 150, 157
自我強化 175-186, 188, 189
　隠れた強さ 178-182, 188
　仮想の自己 181-185, 188
　自己の見直し 181, 184-187
　プラス体験の想起 179
　マイナス思考の修正 181, 188, 189
自我状態療法 180, 189
自己暗示 176, 177
自己効力感 90, 91, 102, 172, 176, 178, 188
自己知覚理論 185
自己分析 129, 130
指示 138-150, 153-158, 171, 178, 181, 188, 196
　間接—— 140, 142, 145-150, 154, 156, 157
　直接—— 128, 140-146, 148-150, 153-157,
　　177-179, 181, 196
実証的に支持された介入法（EST） 110
疾病利得（セカンダリーゲイン）... 44, 81, 88, 90,
　96-99, 101, 102, 105
指導者（スーパーヴァイザー）........ 26, 129, 130,
　134, 192, 193, 199-201, 203, 204
　特性 199
　人間性 199
自明の理 146
社会構成主義 181, 182, 184
社会行動構造分析（SASB）...... 17, 116, 117, 123-
　126, 128-131, 133, 134
　嫌悪 117, 118, 122-125, 128-130, 132-134
　親和 117-122, 124, 125, 128-130, 132, 133

離反 117-121, 123, 125, 129, 130, 133, 134
社会的勢力 22, 28
準言語要素 25, 41, 42, 50, 58
準備レベル（トランスセオレティカル・チェンジ・
　　モデル）..... 17, 88, 90, 99-103, 105, 106, 138,
　　142, 190, 195
　　維持期 100, 102, 105, 106, 195
　　行動変容ステージモデル 99
　　実行期 100-103, 105, 142
　　終結期 100, 102, 106
　　熟考期 100, 101, 106
　　準備期 100, 101, 103, 104, 142, 190, 195
　　前熟考期 100, 106
　　多理論統合モデル 99
　　変化ステージモデル 99
情動 35, 47, 56, 57, 74, 91, 131, 150, 159-162,
　　169, 173
　　怒り 47, 48, 51, 112, 159, 160, 162
　　悲しみ 47, 48, 159, 201
　　驚愕 47, 48, 159
　　恐怖 ... 35, 47, 48, 58, 61, 79, 81, 97, 103, 159
　　軽蔑 47, 48, 159
　　嫌悪 47, 48, 159, 161
　　幸福 47, 49, 159
情動再評価 162
情動調整 ... 135, 160-162, 164, 166, 168, 169, 172,
　　173, 196
　　①ウォームアップ 167
　　②呼吸の気づき 167
　　③マルチモードの気づき 167
　　④終了 167
　　態度変容型 161, 162
　　タッチ・アンド・リターン 161, 162,
　　　166-172, 186, 187, 196
　　反応緩和型 161, 162
診断 40, 73, 84, 106, 152, 169, 198
　　画像―― 50, 173
　　自己―― 61
心理リアクタンス 150
ストラテジー療法 140, 157
スーパーヴァイザー［➡指導者］

スーパーヴィジョン 26, 84, 130, 199, 200
セカンダリーゲイン［➡疾病利得］
積極的関心 22, 45
折衷理論 85
想定外反応
　　偶発性除反応 195, 196
　　情動失禁 195
　　倫理要綱 197, 204
ソリューション・フォーカスト・セラピー（SFT）
　　.. 140
ソリューション・フォーカスト・ブリーフセラピー
　　（SFBT）.. 92

た

対人円環モデル 23, 113-117, 131
　　嫌悪 113, 114, 116
　　支配 113, 114, 116
　　従順 113, 114, 116
　　親和 113, 114, 116
対人関係 16, 19, 24, 25, 28, 45, 58, 96, 97, 102,
　　103, 109, 110, 112, 113, 115-118, 120, 128,
　　129, 131, 133, 134, 182, 197
対人関係心理療法 110
対人スタイル 58, 68, 109, 112, 116, 124, 128-
　　132, 134
対人補完関係 ... 117-119, 121, 125, 127, 133, 135,
　　196
　　嫌悪（攻撃する／尻込みする）................ 122
　　嫌悪―もつれ（なじる／すねる）............ 122
　　親密度 117
　　親和（積極的にケアする／ケアを返す）
　　.. 120
　　親和―もつれ（見守る／信頼する）.... 120
　　接近度 117
　　もつれ（命令する／服従する）........ 121
　　離反（放任する／自由に振る舞う）....... 119
　　離反―嫌悪（無視する／黙殺する）....... 123
　　離反―親和（支持する／開示する）....... 119
タイミング 64, 138, 142-144, 150, 155, 156

脱中心化 158, 166, 169, 171, 172, 186
知識の交配 194
〈チャート式〉アプローチ 20-22, 25, 26, 32, 37, 130
注意の喚起 146, 154-156
治療的人格変化に必要かつ十分な条件（カール・ロジャーズ）... 22
転移 28, 129, 130, 139, 143
　逆―― 28, 130, 194
トラウマ 45, 57-59, 62, 81, 84, 103, 105, 168, 173, 181, 189, 195, 196, 200

な

日本文化 139, 203
　タテ社会 139
ニューロサイエンス 167, 169, 173
人間性 19, 26, 32, 64, 199, 202
認知アプリ 182, 184, 185, 187, 189
認知行動療法（CBT）........ 17, 20-22, 90, 91, 140, 161-163, 165, 172
認知再構成 162, 163, 172

は

パーソナリティ障害 ... 67, 110, 112, 113, 116, 134
　依存性―― 113
　回避性―― 115
　境界性―― 110, 134, 160, 163
　自己愛性―― 114
　スキゾイド―― 115
パーソナル・コンストラクト 184
　役割固定法 184
パラタクシス歪曲 28, 110
反芻思考 83, 84, 153, 155, 160, 164, 166, 171, 173
非指示的アプローチ 139
ヒューリスティック（経験則）...... 32, 37, 38, 40, 44, 45, 47, 49, 50, 133, 191, 202

客観的事実 37, 38, 44, 50, 53, 74
　近未来の予測 44, 99
プライマリーゲイン 96
ブリーフセラピー 140
弁証的行動療法（DBT）.................... 140, 163
ほのめかし 57, 147, 148, 154, 156
　状態・状況 147, 148
　付帯・時期 147-149
　抑制・挑戦 147, 149

ま

マインドフルネス 46, 69, 90, 91, 104, 135, 158, 161, 166, 168, 169, 172-174, 196, 201
マニュアル化された心理療法（マニュアル療法）... 20, 21
　時間制限力動的療法 20
　認知行動療法（CBT）........ 17, 20-22, 90, 91, 140, 161-163, 165, 172
マルチモード・アプローチ 110
見立て 16, 71-74, 77, 79-85, 87, 88, 90, 198
ミラクル・クエスチョン 92, 93, 105, 106, 180, 186
　タイムマシン 92
　前置き 93
　ミラクル・アンサー 92
「虚しい人格」の医師 25
瞑想 168
　ヴィパッサナー―― 69
　仏教（テーラワーダ）―― 168, 172
命令 121, 139, 140, 143, 156, 157
メタファー 141, 150-157
　象徴モデリング 151
　注意の喚起 146, 154-156
　散りばめ法 153, 155
　洞察 150, 151
　認知モデリング 151
　問題解決 150, 151
メタメッセージ ... 23-26, 40, 41, 42, 58, 117, 124, 125, 128-130, 196, 204

目標設定 16, 17, 72, 88-92, 96, 103, 157, 180, 186
　客観視 91-94, 130
　——の心得 88-90
モチベーション 40, 41, 86, 88-92, 99-102, 105, 138, 150, 172, 185, 186, 192, 193, 200
問題体験の把握 74, 77, 84
　最悪時 74, 77, 80, 84
　最初 74, 77, 79, 84
　直近 74, 77, 79, 84
問題定義 16, 74, 84, 85

問題の評価 74, 80, 84
　鋭敏化 74, 80, 81, 83-85
　目的性 81, 82, 85
　誘発要因 74, 79-81, 85

ら

倫理違反 197, 204
　多重（性的）関係 197

著者略歴

大谷 彰｜おおたに・あきら

大阪市生まれ。上智大学外国語学部英語科を卒業し，ウェスト・バージニア大学大学院にてカウンセリング心理学を修める（教育学博士）。ジョンズ・ホプキンス大学大学院准教授，メリーランド大学カウンセリングセンター・シニアサイコロジストを経て，2008年よりメリーランド州都アナポリスにある Spectrum Behavioral Health のサイコロジストとして現在に至る。この間メリーランド州臨床心理士委員会副議長，米国臨床催眠学会常任理事，関西学院大学客員教授などを務める。

著書に『カウンセリングテクニック入門』（二瓶社・単著），『マインドフルネス入門講義』（金剛出版・単著），『マインドフルネス実践講義──マインドフルネス段階的トラウマセラピー（MB-POTT）』（金剛出版・単著），『現代催眠原論──理論・臨床・検証』（金剛出版・共著），『マインドフルネスと催眠──瞑想と心理療法が補完しあう可能性』（サンガ・共著），訳書に『マインドフル・ゲーム──60のゲームで子どもと学ぶマインドフルネス』（金剛出版・監訳），『催眠誘導ハンドブック──基礎から高等テクニックまで』（金剛出版・訳），『わかりやすい認知療法』（二瓶社・監訳）などがある。

プロカウンセラーが教える対人支援術
心理・医療・福祉のための実践メソッド

2019年 6 月 20 日　発行
2024年 12 月 1 日　2 刷

著者 ─── 大谷 彰

発行者 ── 立石正信
発行所 ── 株式会社 金剛出版
　　　　　〒112-0005 東京都文京区水道1-5-16　電話 03-3815-6661　振替 00120-6-34848

装幀◉コバヤシタケシ
本文組版◉石倉康次
印刷・製本◉三協美術印刷

ISBN978-4-7724-1700-6 C3011　　©2019 Printed in Japan

マインドフルネス入門講義

[著]=大谷 彰

●A5判 ●並製 ●256頁 ●定価 **3,740**円
● ISBN978-4-7724-1388-6 C3011

仏教瞑想の方法，ニューロサイエンスによる科学的検証，
精神疾患への臨床応用など，
臨床技法としてのマインドフルネスと仏教瞑想の対話を試みた
マインドフルネス実践に自信がもてる最良のテキスト！

マインドフルネス実践講義
マインドフルネス段階的トラウマセラピー（MB-POTT）

[著]=大谷 彰

●A5判 ●並製 ●184頁 ●定価 **3,520**円
● ISBN978-4-7724-1555-2 C3011

「PTSD症状安定」「トラウマ統合」「日常生活の安定」
「ポスト・トラウマ成長」という4段階プロセスを通じて
トラウマからの回復をマインドフルにケアするための
理論と方法を学ぶ実践ガイド！

マインドフル・ゲーム
60のゲームで子どもと学ぶマインドフルネス

[著]=スーザン・カイザー・グリーンランド　[監訳]=大谷 彰

●A5判 ●並製 ●248頁 ●定価 **3,520**円
● ISBN978-4-7724-1631-3 C3011

これまでの実践やトレーニングには見られなかった
ゲームという画期的な手段を使って
親・養育者・教師が子どもと楽しく学んでいける
あたらしいマインドフルネス実践ガイド！

価格は10%税込です。